天下文化
BELIEVE IN READING

工色

鋼鐵
人

孟安

番

PETER
PAN

MAN OF STEEL

目

次

鐵　　打　　　⬡

的 _____

鋼　　鐵　　男　　子

我有一首很愛的歌，就是伍佰老師的《鋼鐵男子》，尤其是「生命之中曾經戰勝自己」，讓陷入迷霧中的我，回歸初心，朝自己的路挺進……

《鋼鐵男子》作詞 / 作曲：伍佰

LO

BA

第
一
部

潘　　　潘

孟　是　孟

安　　　安

人，在不同的時空環境下，曾本能做出各種反應，所以，每個當下都是自己，但，為了群體的共居，人們多會戴上面具，因此，每一個當下，也不全然是自己。

錯誤、浪漫、瘋狂、熱情、自我、失控、制約、解放……生命總是好的、壞的都有，這樣才是一個活生生的人，不枉到人世走一遭。

《回首》這個章節，是關於潘孟安的生活故事，一個再普通不過的五年級熟男。

少年十五二十時，多少念了點書，新詩也寫了幾首，當然，在那個把朋友當作世界中心的輕狂年代，也曾將故鄉父母的期待丟一旁，蹺課去打球，躲在牆角抽菸……口袋空空時會寫信回老家向阿爸、阿母申請「營養費」，那段日子或許有些荒誕，有點不羈，卻是一段鮮明的年少輕狂……。

一如常人，潘孟安每天吃、喝、拉、撒、睡，餓了在小攤吃麵喝湯，空下來騎腳踏車四處亂晃，心情不好拿著吉他有一搭沒一搭的彈著，其實，過著與五、六年級生相仿的平凡日常。

PETER PA

我怕強，

如果能當好人，誰要當壞人？如果能吹冷氣，誰想曬太陽？
落土三分命，人人的身家、機運不同，這部分，或許取決於
天，但，人仍有可為之處，一名來自鄉野阡陌的庄腳囝仔，
一位在落山風吹拂下成長的鋼鐵男子，最大的特色就是接地
氣。

N'S ⬡ DNA

——接地氣

要扶弱。

因為，
我是耀展的兒子
• • •

每個人心裡都有一座山，我的山就是阿爸潘耀展。

小時候，常有些長輩會問：「你是耀展的囝仔吼？」心裡就莫名的驕傲，總是用力點頭說：「對。」

阿爸很早就離家工作，18歲結婚後，跟阿母回到車城街頭賣魚。車城是阿母家族的聚居地，所以，從小我就跟母系這頭的阿姨、舅舅們生活，在這樣的大家庭裡，阿爸阿母為了討生活，常常放牛吃草，但，我們一群囝仔只要有得吃、睡、玩，就像有了全世界。

在那個年代，只有比人更早起更晚睡，才有辦法換得一家溫飽，尤其是沒有家底的阿爸，帶著阿母赤手打天下，工作格外骨力，他總是騎車到處賣魚，偶爾有機會，我和阿兄也會坐在車後，跟著一起去批魚貨，就這樣，阿爸無暝無日的工作，慢慢從街邊小攤、中盤到自己養殖魚蝦，有了屬於自己的事業。

在外求學期間，有幾次真的是口袋空空，只好低著頭寫家書，開頭就是父親大人在上，遙望故鄉月亮明……講些無關痛癢的思鄉情，其實，阿爸一看就懂，隔天就立刻寄3千元上來給我。

不管生活怎麼變，阿爸始終樂天知命，不會計較名利，有些人家的日子過得比較苦，在攤前徘徊，阿爸什麼都沒說，笑著遞出魚，分文不收。

忙了一天後，阿爸總會到福安宮幫忙，或與廟口的叔伯聊天，那是阿爸難得的喘息時間。

早在黨外時期，藍大於綠的屏南地區，阿爸力挺當時黨外縣長候選人邱連輝，一度引來不解與爭議，很少說大道理的阿爸，用行動力挺他的信念，這種行事作風深深地影響了我。

父子之間難得的爭執，就是我從政的決定。

坐在廟埕議論公眾事務是一回事，自己的兒子跳進去從政，又是另外一回事，當時我怕阿爸反對，自己偷偷跑去登記，紙終究包不住火，阿爸得知後開罵，「你這個沒背景的人，憑啥咪出來選？」，我靈機一動回說，「咱家後面有座全台『最大』的土地公廟，論『背景』無人能比。」

其實，與其說阿爸反對我從政，倒不如說是極度擔憂，看盡世事，嚐盡冷暖的他明白，沒有身家背景要想從政，會是一條多麼難走的路，那是一種為人父的不捨，不過，懂我的阿爸最後還是讓步了。

最後，他只交代我幾句話，「不要怕被占便宜，做人得要有度量」，阿爸的話我聽進去了，成為我日後為人處世的尺度。

從政後，從車城鄉鄉民代表、屏東縣縣議員、中華民國立法委員，長期臥床的阿爸身體每況愈下，多次危急就醫，我和

大哥總是輪流到醫院相伴，坦白講，幾次應酬後，我帶著醉意躺在家屬休息室裡沉沉的睡著，當時並沒有什麼特別的感受。

2013 年 1 月 9 日，阿爸病危，只剩下最後一口氣等我回去，當天立法院正進行民進黨力推的「非核家園推動法草案」審查，我身為提案人之一不能缺席，在完成提案說明後，立刻告假南下直奔老家，依舊趕不及見到父親最後一面，那是我一生最大的遺憾。

阿爸離世後，我才懂得，生離死別這件事，永遠是無法做好準備的。

守靈的那幾夜，大概是我長大後，陪伴阿爸最久的時候了。有一晚，當弔唁親友離開後，我獨自坐在椅上，再也抑制不了自己的情緒，把藏在肚子裡大半輩子，想說、該說、要說的話，全都毫不保留的宣洩出來，最後，我跟阿爸允諾，我一定要成為阿爸的驕傲……。

這幾年，我以阿爸的名義，設立了一個「潘耀展紀念獎學金」，凡是設籍枋山鄉、牡丹鄉、獅子鄉、車城鄉、滿州鄉、恆春鎮者，且於恆春半島之國中小及高中職就學學生，皆得申請，將阿爸給我的鼓勵，分享給更多落山風的子弟。

一路走來，不管世事的流轉，職位的異動，答應過阿爸的事始終在心頭，我絕不會讓他漏氣，因為，我是「耀展的囝仔」。

生離死別
這件事，
永遠是
無法
做好準備的。

爸爸與朋友合購一艘舢舨漁船。

1. 家裡的老房子是石頭堆砌而成。
2. 從下小就在大家庭下成長。
3. 在大家庭長大的潘孟安，就像是团仔頭王。

沒錯，
我是美鳳的細漢囝
• • •

在阿母眼中，我永遠是長不大的孩子，即使如今年過半百，雙鬢已白，只要冷了，電話就來了，「要吃飯、多穿衣、得休息」……她的叮嚀打小至今從來沒改過，反倒是電話這端的我，從不耐想掛電話，到不捨想多說幾句。

記憶裡的阿母總是沒日沒夜的工作，天才亮，人早在市場裡賣魚，下課後，跟阿爸到處批魚貨，咱兜的潘林美鳳女士，應該是很多早年台灣姑嫂姊妹的縮影，這些打拚大半生的人，若晚生個 50 年，應該個個都是女強人吧。

生長在大家庭裡，三餐時間到了，桌上就會有飯菜，吃完就溜出去玩，同伴似乎都是這樣長大，孩童時候沒人管是最好不過的了。

在老一代人的思維裡，「把孩子送出去才有機會」，那是一種希望子女成龍成鳳的期盼，國小畢業離家到台南念國中，只有返家週才能回家，當時，每學期學費要 5、6 千元，等同現在 5、6 萬元，對於我們這樣的家庭，把孩子送出門念書，是要賣多少條魚才能攢到學費，只是當時年紀小，根本不懂得父母心，只覺得上課好遠，回家更遠，每次回學校前總是大吵大鬧，就是不想要離開。

就讀國中時期，學校盯得緊，每個月只有返鄉週的週末才能回家，但考上台南新化高中後，正值青春期的年紀，家人又不在身邊，就像脫了韁的野馬，開始走出教室，開始探索繁華世界，當時，樣樣都新鮮，什麼都好玩，哪還記得父母的殷殷期盼，捉到機會就玩，加上個性好惡分明，直言不諱，早已是教官簿子裡的黑名單。

一次在校的衝突，為了維護同學，挑戰了教官權威，他堅持要我退學，當時，阿爸阿母從車城趕到學校，不斷向教官與學校鞠躬道歉，想為我爭取留校機會。

當時，阿爸和阿母為了自己低頭求饒的樣子，我永遠忘不了，即使如此，她和阿爸沒有太多疾言厲色，只是好言相勸，很怕我變成「歹子」，如今回頭想，那時的自己真是讓阿母傷透了腦筋，對自己往後坎坷的求學路，常覺得是土地公伯給我的小小懲罰。

父親帶著三兄妹與結拜弟兄和三舅合影。

1

天下的
媽媽
都是一樣的。

2

3

1. 中秋節難得母子相聚，我又成為那個調皮的孩子。
2. 阿爸阿母鶼鰈情深，阿爸會帶著阿母四處旅遊。
3. 阿母擺攤賣魚。

畢業後當兵，進而投入職場，在世界各國打拚，直到阿爸身體轉差被叫回家，我偏偏又選擇走上政治的不歸路，總在台灣南北二地跑，一路到現在，好像都沒讓阿母安心過。

過去一到母親節、中秋節或過年，幕僚總想安排阿母入鏡，我非常反對，就是不想再給阿母添麻煩，擔心她在大眾面前曝光，會打擾她的生活，後來，我聽姪女說，阿母樂在其中，每次聽說要回來拍照，她就會去街頭那間做了大半生頭髮的街頭美髮店「SET DO」，還常常跑去菜市場買新衣服。

總是給阿母添麻煩的我，這一回總算能讓她掛嘴邊，聽到「縣長嬤」就笑開嘴，慢慢的，我才沒有那麼排斥阿母上鏡頭。

近幾年，一到年節，不論電話獻聲或拍照，咱兜的「潘林美鳳」圈粉能力比我還強，不僅拍攝一次 ok，每每有她的畫面，點讚率還比我個人高太多，我又沾了阿母的光，她果真是咱兜永遠的最佳女主角。

有時趁空檔返家一趟，看到她拿起遙控器不停的轉台，從第一台轉到最後一台，或是四處託親友購買保健食品，就算櫃子已堆滿各種藥罐，還繼續在買，怎麼勸都勸不聽，我想，天下的媽媽都是一樣的吧。

從阿母身上，我愈來愈懂長輩害怕孤單，擔心健康，於是，我力推社區關懷據點，讓留家長者不致孤單，進而力推行動藥師送藥到府的服務，把事做對，也算是我對阿母的一種反哺。

只是年歲愈大，阿母進出醫院次數愈多，有時，實在無法在她入睡前趕到，夜深溜進病房探視時，總能聽到一聲「你來了喔」，然後努力睜開瞇著的眼睛，簡單聊上幾句才沉沉睡去。

有一回阿母住院，我陪在她旁邊 1、2 個小時，當時她正在追一部鄉土劇，我在一旁陪看，沒想到，她竟然跟我說，「孟安，你母通看，看這齣會著迷」，讓我哭笑不得。

我從來不懂媽寶的滋味，但，我愈來愈能珍惜母子的緣分，這幾年反而換我開始打電話，利用她追劇後入睡前的空檔，撥通電話回家，「呷飽袂？」、「身體啥款？」、「藥吃了沒？」，依舊是同樣的幾句問候，但，通了話之後，電話二端的人都安心許多。

我現在最大的盼望，就是能天天接到阿母的電話，彼端傳來「孟安，你呷飽袂」的熟悉聲音，這是比什麼都還要珍貴的寶貝……。

阿爸與阿母的結婚照片，是潘孟安的珍藏。

從野球到布袋戲

在沒有手機可滑的年代，我的童年照樣充滿色彩，一點都不遜色。

聽阿母說，有時她和阿爸去批魚貨，我和阿兄坐在車後頭，怕我們兩兄弟會「灰」，行前總會準備 2 個布袋戲偶，我們會自己演布袋戲，久久不會吵。

那時，最崇拜的偶像當然是雲州大儒俠史艷文，每到中午演出時間，就會想辦法到家裡有電視的窗邊看布袋戲，正人君子史艷文對上邪惡奸笑「藏鏡人」，那種仙拚仙的刺激感，看了又怕又過癮。

另一項瘋的活動當然是打野球。我們家的小孩，運動細胞都不錯，運動向來是放電的最佳管道，我像放山雞，成天東奔西跑，就是靜不下來，球場成為我常發洩精力的所在。

我算是那種「愛哭愛跟路」的小孩，在那個台灣全民瘋棒球的 5、60 年代，懷抱棒球夢的野球少年裡，當然也得算上我一份。

車城國小的學生數不多，我是野球隊一員，什麼位置都得站，下課後都得練球，週六下午或星期天也是常聚在一起玩

野

我

球

的

魂

棒球永遠都是潘孟安的最愛。

球，當年，我們這支棒球隊可是當地的第一名球隊。升學後，
打棒球的機會不多，不過，當年站上投手丘，腳踩白色投手
板，以腳跟為圓心的全視野，只要站上一回，身體便再也忘
不掉。

國小參加棒球隊，中學開始迷籃球。運球、上籃、三分線、
蓋火鍋……整個生活繞著掌心那顆球而轉，大把大把的青春
花在籃球場，那種那個台灣全民瘋棒球，筋疲力竭的拚戰，
延伸到沙灘排球、羽球、桌球，撞球場也是課後常流連的地
方，唉，當年花在練球的時間若用來讀書，應該也可以領不
少獎牌。

後來跟朋友合開瓦斯行，正好鄉裡要舉辦棒球賽，我專程找
回昔日棒球隊隊長林嘉麒舉辦業餘棒球隊，以「永安瓦斯
行」為隊名，又再上場揮棒，只可惜，疏於練習，匆促成軍，

兒童時期整個戶外都是遊戲場。

最後只拿到第四名，但能再次打棒球依舊很開心。

對我而言，不管哪一種球類或是哪一類運動，其實都是一樣的，運動教會我的事，就是自我的拚搏和挑戰，如今想想，好在曾經有過那一段汗水淋漓的歲月，讓我懂得面對輸與贏，學會挑戰自己。

多年後，負責街頭三對三鬥牛賽的開球，一顆球彈到眼前，那種既熟悉又陌生的手感突然回來了，即使腳穿著皮鞋，身體一蹬「射籃」得分，吼，當下那種爽快感，讓原本怎麼都趕不走的瞌睡蟲立刻飛到十萬八千里之外。

但，小小跑個半場，氣喘吁吁，年過半百的我只能說，青春小鳥一去不回來。

酸澀的
青蘋果年代
● ● ●

1

2

1. 國中就到台南寄宿，與同學一起生活念書。 2. 國中全班到恆春旅行。

半島的父母總是想盡辦法把孩子送到「縣城」或「省城」念書，我也是，自車城國小畢業後，就被阿爸阿母送到台南念書，當時學校規定必須住校，除了得按捺想家的心情，更得應付老師的高標要求。

我記得老師開出的最低分標準是 90 分，只要分數未達標，老師就會抽出背上的棍子，手心免不了挨幾板，除了課業外，學校對我們的生活起居都管得緊，那段時間除了乖乖念書，什麼事都沒做。

一到返鄉週的週末就轉車又轉車，來回在家裡與學校之間，每每回到學校宿舍，一個房間可住 2、30 人的那種大通鋪，就寢熄燈後，尤其是剛收假的夜晚，被窩裡開始傳出啜泣聲，這種氣氛立刻發酵，引起少年們想家的心，啜泣聲此起彼落。

當時的班導師雖然是教數學，但我對歷史、國文、英文等科目深感興趣，尤其是遇到一位輔大英文系畢業的老師，上課方式活潑，讓我嘗到學習的快樂，同時給了我很大的啟發，日後即使英語說得不溜，卻一點也不畏懼，很敢開口說英文。

少年十五二十時，在「為賦新詞強說愁」的年紀，先是開始練習鋼筆字，迷上散文、小說後，自己也隨手寫些短文來抒發年少情懷，那真是一段又酸又澀的青蘋果年代。

飛出鳥籠的
自由時代
●●●●

人不輕狂枉少年，我當然也當過小屁孩，升上高中後，開始
在外租房子，我就像放出去的鳥，學校、房東、爸媽管不了
的三不管時期，有時，甚至是自己也不管，完全四不管的自
由年代。

開學前，口袋就算再怎麼空，還是會擠出錢來訂製制服，沒
錯，就是緊身的那一種，還得把線燙得直挺挺才叫帥，走在
校園拉風，當然，也免不了要開始躲教官。

一到放假日，三五好友約出門，有機車的同學最跩，同學互
載，油門一催，蜂鳴器作響，當時，還流行帶收音機，常常
邊騎邊放經典老歌《就在今夜》、《雨中即景》。

想當年，我們在追星也是沒在客氣的，從機車擋泥板出現的
頻率，就能判斷明星受歡迎的程度，從中森明菜、楊林、王
祖賢、沈雁、周慧敏……騎在大街小巷，女神個個在眼前。

若是口袋裡有零用錢，就往電影院跑，但多半會等到便宜的
二輪片上映，一次看二部，這時候，我的偶像從雲州大儒俠
變成李察吉爾、勞勃狄尼洛或麥克道格拉斯……現在提到這
些名字，有反應的人多半是四、五年級生，但身為粉絲的我
依舊認為，不管臉上皺紋多了幾條，這些實力派演員就是

1. 休假與三五好友一起出遊。 2. 喜歡樂器總會自己摸索。

人不輕狂，枉少年。

彈琴是對年輕的一種青春告白。

帥。

當時台灣剛流行西餐廳或咖啡廳，就像是現在的文青咖啡店，但對鄉下孩子來說，可是非常高級的場所，夢想著以後賺錢，能夠進去吃頓牛排，一群男孩只能在門口天南地北亂聊和做白日夢，就是沒錢跨進去。

尤其是到了月底，口袋空空，只能騎車去海邊或公園等地，三五好友聊天殺時間，對於「虧妹妹」這件事，因為那時候臉上長滿「豆花」，就算同學起鬨，也只有心動卻不敢行動。

在那個民歌風起雲湧的年代，吉他亦是不可或缺的標配，不論在宿舍或回家吉他都不離手，常會抱著吉他坐在咕咾石牆邊練習再練習，彈彈唱唱的是歌手羅大佑的經典作品《鹿港小鎮》。

除了吉他外，口琴、爵士鼓，就連洞簫也玩，雖然可能是家傳細胞加乘，接觸的樂器很快就上手，只是從來沒有下定決心苦練，所以樣樣通樣樣鬆，朋友相聚時玩玩，一面吹口琴一面彈吉他，從《綠島小夜曲》到《涼山情歌》，手口並用，多半是自娛而已，登不了大雅之堂。

整個高中時期左手打球，右手練琴，是一段非常燦爛的青春。

燙著
爆炸頭的年代
● ● ●

人不輕狂枉少年，想當年，我也是走在流行的尖端，燙了一顆爆炸浪子頭，套句俗語就是「輸人不輸陣」，這大概是我這輩子追求流行的最大尺度，如今看到老照片那顆鳥窩頭，忍不住搖搖頭，佩服當年那小子的勇氣，真的敢。

在 20 歲前後的時光，朋友始終是放在優先位置，大家總是聚在一起玩水、烤肉、哈拉，即使如今年過半百，穿一條褲子長大的兄弟們，仍是我的重要資產，這份濃厚情感其來有自。

車城鄉不大，鄰居也是同學，甚至一起到外地念書，所以有濃厚的手足情誼，在我出國前，大夥常常會到我家魚塭相聚，說說唱唱或練練肖話，常常忘了時間，各自家人常會追到魚塭來找人。

這份情感不曾因為各分東西而淡去，大家反而會把握有限時間相聚。

我記得，有一回在哈爾濱，得知換帖兄弟「鴨母」要結婚，我當然不能缺席，為了這場婚禮，我花了三天時間，從哈爾濱趕到廣州，再從深圳到香港，從桃園機場轉至松山機場，再轉機到小港，最後搭計程車包機直驅萬丹，一站轉過一

爆炸捲髮

站，最後到達會場宴席已經結束，但能親自為兄弟獻上祝福再累都值得。

這位摯友後來因意外身故，我所能做的是每年除夕到他家探視長輩和妻小，一晃眼，一、二十年過去，當年的孩子已經念碩士，但我們的兄弟情始終不變。

另一位好友鳳鳴，打從國小同班至今，如今都已經當了阿公，還是彼此相挺的弟兄。我記得有一回在高雄長庚醫院照顧阿爸，阿母託他送些東西過來，當時心理壓力很大，我跟他下到一樓大門口抽根菸，倒了些垃圾情緒。

至今每年過年，除了和家人團聚，最重要的是和這些朋友們相聚，各自安頓好一家老小，才開始屬於我們的相聚時間，大家邊喝邊聊，再也沒有什麼比兄弟們小聚更令人開心，真是爽快極了。

1. 朋友始終是他生命的重心。
2. 那一年我們的青春。
3. 當兵時期仍然是大頭兵。

1

2

3

第一份工作是 扛瓦斯

● ● ●

我不是拒絕大學聯考的小子，而是被大學拒絕的小子。

為了想要考大學，專程北上到補習班補習，緣分還真是件奇妙的事，沒想到，當年南陽街的同學高志鵬後來竟成為立院的同事。

為了賺生活費，在姨丈介紹下，利用課後時間在一家工廠打工，灌漿製作馬桶或洗臉盆，甚至當年仁愛路福華飯店施工期間，還曾扛貨去交件，後來北上，常會挑選福華飯店投宿，可能和那一段經驗有關。

因為大學聯考落榜，決定先回車城，一方面和朋友合作開瓦斯行，負責扛瓦斯，同時跟阿兄一起管理家裡的洋蔥田和魚塭，早早開始斜槓人生。嚴格來說，扛瓦斯算是我的第一份正式工作，而且足足做了 1 年多才停止。

即使當時年輕力壯，但，扛著瓦斯桶，36 公斤上肩，依舊氣喘吁吁，就算是瓦斯空桶，肩上還是有 18 公斤重，不只是重量的負擔而已，包括在走樓梯的時候，平衡都會受影響，那段在瓦斯行的日子真是很操，有時還會被狗追，後來我常跟年輕人說，如果嫌工作累，不妨先扛 1 桶瓦斯樓上樓下走一趟再來說。

正是因為自己曾是做工的人，自此，對於用體力汗水討生活的人，心裡始終是佩服的。

做工之外，務農也不容易，不論養魚蝦或種洋蔥的辛苦，不是三言兩語能說盡的，不信的人，可以先頂著頭頂烈日做一天再來說。

半島洋蔥品質之所以一流，烈日、落山風缺一不可，種洋蔥的苦不言可喻。每每到了三到六月的洋蔥採收期，正好碰上落山風季節，強勁的落山風常摻雜洋蔥碎屑，採收作業中的蔥農常會被洋蔥碎屑割傷眼睛，如果蔥農用手搓揉，還會讓眼角膜受損，遭黴菌入侵，引發眼角膜潰瘍，甚至有人因此面臨失明之虞。

每年到了洋蔥採收期，到醫院掛病號求診的蔥農大增，就連我自己都曾被洋蔥熏到眼睛快爛掉，甚至除草時也險些受傷，而身邊經常發生農民中暑或噴灑農藥中毒的情況，一件又一件發生，那種辛酸，真的不是用嘴巴說說而已。

後來去當兵，退伍後返鄉，晃蕩的心才慢慢穩下來，開始認真思考自己的未來，想要擴大養殖規模，但手頭沒有現金，只好向銀行或農會借貸，卻被拒於門外，原來沒有任何資產、背景或特殊管道，在偏鄉想貸款難上加難，無產階級想要翻身談何容易。

當時胸懷滿腔抱負卻無處可伸，深感憤恨不平，即使過了30幾年，那種不甘願依然卡在心頭。

農家的痛。

苦過

工人的苦，

痛過

打理自家的養殖池。

大江南北的
闖商歲月
●●●●

唱著齊豫的《橄欖樹》，讀著三毛的《撒哈拉的故事》，那是屬於五年級生夢中的流浪，就算在夢中，也非去不可，只是，從沒想過，像我這樣的鄉下囝仔，真的有機會能夠周遊列國。

當年，國境之南的恆春半島資源欠缺，務農是最常見的選項，只是年少氣盛，不知天高地大，想到外頭闖一闖，拚拚看。

1980 年 8 月 26 日，中國的全國人大常委會第十五次會議通過了《廣東省經濟特區條例》，宣告了中國第一批經濟特區深圳、珠海、汕頭的誕生。1989 年，養殖業舊識與港商合資，打算在中國汕頭設飼料廠卻找不到管理人，當時中國剛開始發展，相關法規或政策不明確，所以沒什麼人敢去……當時年輕不怕死，自願請纓，25 歲就到汕頭管理工廠原料、設備、人員甚至通路。

那是一個沒有網路，資訊又不流通的年代，連打通電話都不容易，經商的生存之道，完全靠自己摸索，表面上，掛名總經理，其實是校長兼撞鐘，和同事一起擠在宿舍，凡事一手包，為了打天下，我帶著業務人員到中國各地推銷其業務。

中國經商從事水產事業。

外出打拚的遊子，處處碰壁，挫折不斷，拿鐵線編籃子，就像油麻菜籽，努力的落土求生，不過，正因為全都自己來，練就極強的適應力，熬過之後，一身的功夫誰也奪不走，最後還集結台商組織汕頭台商協會，被推舉擔任秘書長，被推舉以團體力量在異域打拚，就這樣，開始一段國際貿易的闖商歲月。

當時，最有感的一句話是「出外靠朋友」，身在異鄉 1 年多，中國北方發生天安門事件時，我人正在南方，事發當下，家人聯絡不上我，急得像熱鍋螞蟻，反倒是身處歷史事件中的我，彷彿在颱風眼裡，因為消息嚴格管制，當下並沒有感受到風和雨，媒體不見隻字片語，消息是在口耳相傳下，傳進了汕頭。

當時我們根本不知道發生什麼事，最先是嗅覺敏銳的香港人紛紛離境，直到身邊的朋友暗示有狀況發生，最好盡速離境，一時間雖弄不清楚狀況，但已有風雨欲來的感覺，立刻與身邊夥伴包車，同時協助其他台商甚至日本朋友想辦法離境，幾經輾轉才離開，前腳剛走，消息已經封鎖不住，在香港機場湧進大批想要離開中國的人潮，就在關鍵性的瞬間，我順利脫離暴風圈。

1. 在中國從事飼料廠等相關工作。
2. 潘孟安（左二）擔任校長兼撞鐘的總經理。

我的左腳右腳，
分開走進蘇聯

1. 冰天雪地的俄羅斯是冒險者的天堂。 2. 一只陪他走天涯的 007 手提箱。

1970 年代，那是台灣人提著一卡皮箱，走闖世界的年代，在我眼中，那一只 007 手提箱就是台灣男子漢的皮箱。

歷經天安門事件後，中國的局勢動盪，所以我轉往邊境的蘇聯發展，從中國牡丹江綏芬河前進蘇聯，人生真的很奇妙，我怎麼都沒料到，自己再一次見證了蘇維埃聯邦政府的瓦解及民主勢力的興起。

剛開始，並沒有明確目標，加上言語不通，我就像是一個探險者，只是到處逛逛看看找商機，僅學了一些基礎的生活對話，主要是找當地學生當翻譯，透過當地的視角，了解蘇聯的政商體制、地景地貌、人文風情，方向對了，很快就進入狀況，又在當地停留 1、2 年。

在這個世界領土最大的國家裡，我最著迷的是俄式的建築，渾圓飽滿的穹頂，室內極盡豪華，充滿裝飾性的拜占庭建築風格，讓我此生難忘。至於蒼茫的西伯利亞風情，更是一片寧靜土地，生活一段時間後，我深刻感受到當地濃厚的文藝氣息，市井小民存了一點錢，就為了去看歌劇，若非長居當地，實在難以讀出俄羅斯族裔的風土民情。

然而，怎麼都沒料到，竟親眼見證戈巴契夫時期的蘇聯王國一夜解體，從 1 個國家分裂成 10 多個國家，匯率從 1 美元兌換 0.8 盧布，到 1 美元兌 150 盧布，甚至是 1 美元兌 1 萬 5,000 盧布，通貨膨脹速度讓人咋舌。

在那樣的環境裡，最令我訝異的一件事，就是一般人可能三餐溫飽都不容易，卻還縮衣節食，攢錢買歌劇的票，藝文深入普羅大眾的生活，成為不可缺的日常，這件事深深的震撼

了我。

亂世中的機會無窮，當時憑著台灣人的商業敏感度，很快察覺蘇聯解體後，鞋類、成衣等民生物資的缺乏，而這正是台灣中小企業的強項，從中亞、西伯利亞、莫斯科，一整片全新藍海就在眼前，於是，我在中俄邊境開始了「以物易物」的闖商歲月。

當時是以莫斯科為辦公室據點，中亞各地看到台灣的 sample 都很喜歡，但沒現金購買，於是，我用台商生產的鞋子等物資換來怪手，經常扛著幾十公斤 sample，挺進各邦聯及東歐……。

有一回，帶著大量鞋子進入蘇俄，為了怕被扣關稅，是以樣品闖關，事前在前輩的提醒下，得知一旦被攔檢盤查時，海關會將有疑慮的鞋子打洞，當時我靈機一動，將鞋子的左腳與右腳分裝在不同箱子，海關人員打開第一只箱子時，看到只有單腳的不同尺寸，不成雙的鞋子根本沒辦法穿，很順利的放行，卻不知後面箱子裝著另一腳的鞋子，若被打開恐怕就吃不了兜著走。

這些過往如今說來刺激，當時卻藏著極大風險，在在考驗著當下的應變力，所幸蘇聯解體之初，當地人心相對單純，不會刻意欺騙外國人，否則被賣了幾次也不知道。

短短數年時間，先後經歷中國的天安門事件與蘇聯的解體等兩大強權政治事件，強烈感受到全球的轉變，以及自己是世界的一分子。

在俄國從事貿易合作。

披上一件大衣就開始闖商年代。

唯有一顆憨膽的自己。

從北極到南極,從熱帶到寒帶,哪有機會就往哪跑,東南亞亦曾是我走訪的路徑,甚至曾在印尼,跟著一群當地原住民搭吉普車上山做生意,也曾睡在新加坡著名的烏節路,不過可不是睡在五星的萊佛士酒店,而是和一群東南亞移工餐風露宿。

那一段闖南跑北的流浪歲月,大大開啟了自己的視野與膽識,最重要的是對於日後的國際政局的牽動、經貿走向、產業布局等戰略和戰術,有了更深的體會,站在不同的高度看世界。

只是,當時的自己什麼都沒有,唯有一顆憨膽而已。

黃昏的
故鄉
●　●

正當生意開始上軌道，一樁大買賣眼看就快成交，一旦 deal
成功，我想，我應該就會留在商場打滾，沒想到，千里之外
的家裡捎來訊息，得知阿爸身體出了狀況，要我速速返家，
就此，逆轉了我的人生方向。

走遍千山萬水，1993 年我從天寒地凍的蘇聯，回到四季如
春的車城，漫步在黃昏的海邊，看到遠方的橘紅落日，就像
車城著名的鹹鴨蛋，故鄉的種種浮現腦海。

車城的福安宮是全台最大的土地公廟，阿爸曾是福安宮擴建
委員會的委員，廟埕是我長大的地方，廟口、老藥房、菜市
仔⋯⋯每天早晚常可見三、五人聚在一起「鬥嘴鼓」。

對咱車城人來說，每年農曆八月十五日的土地公壽辰是重要
祭典，半島的人從老到少都來湊熱鬧，小時候，車城的中秋
節比過年還熱鬧，在我印象中，有一點類似東港迎王平安祭
的味道，或許，遊子不一定回家過年，但中秋節無論如何都
會趕回家，是小鄉裡的大事。

這個時段，大人沒空管小孩，我們這群兔崽子總有吃不完的
好料，看不完的表演，尤其是熱鬧滾滾的中秋晚會，獎品或
摸彩的禮物從電扇、電鍋、腳踏車⋯⋯，這些現在看起來不

黃昏的故鄉總是呼喚著潘孟安。

起眼的禮物，在當年可媲美手機，大家趨之若鶩。青少年時期，和同伴參與廟會活動，大家一起「扛大轎」，全程參與廟會活動。

早年福安宮還有項特色，總會在中秋節盛大舉辦全國性歌唱比賽，那時連老三台都還沒有，就連後來電視歌唱比賽節目五燈獎都難匹敵。

當時歌手比賽從初賽、複賽到決賽，得要過關斬將，有點像武俠小說裡的「華山論劍」，恆春半島愛唱歌的人都會來一較高下，連唱好幾天，歌手張秀卿、王中平都是出身該比賽，堪稱半島歌手的搖籃。

當年，除了流行歌曲，也有民謠歌唱比賽，當民謠的曲調響起，才是讓我魂牽夢縈的聲音，可惜 20 幾年前，隨著電視、卡拉 OK 的流行而式微，這項深具在地味的歌唱大賽因此停辦多年。

這一回，我深刻領悟到故鄉是我最深的依戀，在照顧父親之餘，多出的時間，開始思索著自己的未來，開始用不一樣的角度看故鄉。

福安宮舉辦中秋節的歌唱大賽，準備了各種獎盃。

踏上一條
不歸路

• • •

自海外返鄉後，工作之餘，幾次跟著親友到處聽黨外的演講活動，彼時台上的慷慨陳詞，引起內心的波濤洶湧。在那個黨政軍一體的年代，三軍聯訓基地設在車城，衍生噪音、公安等不合情理的作為，在地人權益被剝奪，卻無人為民喉舌，因而萌生參選鄉民代表的念頭。

當時曾詢問熟識選舉的前輩，我永遠記得那位前輩所說的話，「政治是條不歸路，做官清廉，吃飯配鹽（閩南語），你想清楚了嗎？」當年台灣的選舉文化，新人常得花錢買票才有機會出頭，來自魚販之家哪來的錢選舉，但，我的個性向來是決定就不回頭。

來自素人家庭，既無法靠銀彈，只能衝撞體制，當時我就鎖定中產階級，開始深入各村落舉辦政見發表會或鄉政座談會，試圖跳脫金彈、銀彈攻勢，用理念開出一條血路。

第一場選戰是 1994 年，當時在鄉下，沒有候選人會拍定裝照、發送拜訪名片，但我認為年輕人從政，就是要用不一樣的方式選舉，必須透過政見跟說明會來打動選民。

一開始，鄉下父老都會說，「浪費，你發這個文宣幹什麼？沒有人會看啦！」我仍堅持要以這樣的方式來扭轉選舉文

化。沒想到,一步一腳印換來一張又一張選票,1994 年,我這個赤腳囝仔跌破眾人眼鏡,以最高得票數當選鄉民代表,是恆春半島第一位民進黨籍民意代表,就此開始了從政之路。

在鄉民代表任內,我與當時台灣省議會議員曹啟鴻合作,促成牡丹水庫供水範圍內的車城鄉民,可以免費申裝自來水;並與當時立委蘇嘉全合作,帶領鄉民陳情抗議,衝撞三軍聯訓基地不合理的禁建及限建問題(當地海口以南、恆春網紗以北都位於三軍聯訓基地射擊範圍,因而長期禁建、限建),最終,軍方撤銷禁限建令,同時將坦克移動方式由路面行駛改由拖車載運,以免噪音擾民。

誰也沒想到,一隻初生之犢就此衝撞出一條新路。

參選車城鄉民代表的手寫參選聲明。

PART
2

第
二 部

潘　已　潘

孟　不　孟

安　是　安

民
代篇

哲學家盧梭在《社會契約論》裡直指：「Man is born free, and everywhere he is in chains（人生而自由，卻無處不在枷鎖之中），在國家出現之前，人是絕對自由的。人選擇接受國家管治，不只是要放棄部分自由換取安全，而是要通過整合不同個體的力量，構成一個以『公意（general will）』為法律基礎的政治共同體。因此，管治者只有得到人民的授權才擁有權力，當其管治不再以人民意志為依歸，人民自可收回權力，重新立約。」

〈曾經〉這個章節，是關於潘孟安的人生上半場，由商人轉入政壇，從市井跨進廟堂，一段百轉千迴的際遇。

一開始，潘孟安是捍衛農權的鄉野戰士，從島南的車城鄉鄉民代表，直攻屏東縣縣議員、中華民國立法委員，且每個轉折處，這個政壇新人皆以驚人高票入門，近 10 年的歷練，讓潘孟安不再只是潘孟安。

總是從「大處著眼，小處著手」的潘孟安，看似強硬，實則溫柔，在是與非之間的判斷，在靜與動之中的掙扎，在在讓人看到他藏在剛強裡的柔軟，成為一個圈粉無數的民代。

這一個篇章，是從第三人的觀點，檢視庶民眼中的公眾人物，並聽聽潘孟安的回應，透過對話形式，讓人看見「自己與自己以外」的潘孟安。

我怕苦，

我常說，「沒有傘的孩子跑得快」，真的是有感而發，因為苦過大家的苦，痛過大家的痛，所以我很清楚，什麼都沒有的屏東人，只能靠著自己打拚，才得以跳脫命運的循環，在逆中求勝。

既不是銜金湯匙出生，更沒有亮眼學歷，像我這樣的人比比皆是，在當時「萬般皆下品，唯有讀書高」的社會氛圍下，平凡如我這樣的庄腳囝仔，難道就不能擁有夢想嗎？到底要如何力爭上游，才能站穩腳步？這些問題經常浮現在我的腦海。

以政治素人從政，靠著最高票當選車城鄉鄉民代表，又連任二屆屏東縣縣議員，進而選上立法委員，從外人角度來看，我的從政路途順遂，其實，那只是眾人前的我，天才桌球選手林昀儒說過一句話，我覺得很貼近我從政後的日子，那就

A ── 沒鞋的孩子跑得快

更要打拚。

是「我唯一休息的日子，是上場比賽的那一天」，我的狀況是 365 天不打烊的小七，全年無休，因為我知道，自己最大的靠山就是打拚、打拚再打拚。

長年來，別人做 1 次的事情，我就做 2 次、3 次，若加 1 倍的努力還不夠，我就加到夠為止，這樣的信念自從我返鄉到現在，歲歲年年、日日夜夜、分分秒秒，2、30 年始終不變，說我固執也好，唸我古板也罷，我的骨子裡就是有股不服輸的志氣，無論做什麼事，一定要拚到最後一刻，哪怕沒有路，也要開出一條路。

說穿了，我跟大家並沒有什麼不同，只是屏東人的縮影，更是 2,300 萬人中的一分子，在台灣人的樣貌中可以看見我，在我身上也能感受到台灣人的韌性，一個正港又平凡的台灣囝仔。

沒有機會的機會

曾任國際獅子會恆春會會長的黃水攀，是潘孟安父親的好友，兩個忘年之交相識近 30 年，一路以來，他和潘孟安維持著亦師亦友的關係，每每回恆春，總不忘找老友小聚一下。

黃水攀說，孟安算是我的子姪輩，當年他當兵回來，就在我的瓦斯行工作，其實，我們算是合資夥伴，他超骨力，又有禮貌，晚上我們常坐在門口閒聊，一罐啤酒配上一盤花生或煎蛋，就能話天話地，無所不談。

我一直很欣賞這個小夥子，聽到他想要參選鄉代，我當然力挺到底。就這樣，我放下工作，兩個人走遍車城鄉，挨家挨戶拜訪，當時，其他參選人的經濟實力雄厚，我們的助選團卻是瓦斯工、板模工、水電工等勞工階層，難兄難弟一起拚。

當年正好是台灣 KTV 的流行期，鄉內也開了不少家，晚上 10 點收工後，其他陣營的人都是去 KTV 放鬆，我們這夥人則自動到當時僑勇國小對面的一家薑母鴨店聚集，先到的人會點一份鴨肉，然後，我們自己隨身帶一箱米酒來加料，那位老闆也很欣賞孟安，知道我們沒錢吃喝，也不會跟我們計較。

晚到的人看到桌上竟然還有鴨肉，立刻下手，但是，肉夾上來的瞬間，總會有一雙筷子敲下去，「肉是來熬湯，不是來吃的」，伴著這樣一句話消失在熱騰騰的香氣之中。

回想起那一段快忘記的日子，黃水攀笑著說，那時候，大家真的是患難兄弟，即使只有熱湯可喝，卻個個都很甘願。

當時的孟安沒有什麼知名度，卻堅持要辦說明會，在那個年代哪有人在辦說明會，他卻堅持辦到底，甚至全場只有一個老人二隻狗，最多加個喝醉酒的流浪漢亂入，他照樣講得口沫橫飛，我猜，他的口才大概就是這樣練下來的吧！

自從當了車城鄉鄉民代表後，他站在第一線，直接面對三軍聯訓的指揮官，臉上毫無懼色，且能有條有理的替在地人爭權益，而不是來搗亂的那一類政治人物，沒多久就贏得軍方的尊重。

我印象最深的是，當他以民進黨黨籍當選縣議員後，竟然帶著六法全書就任，隨時隨地在議場翻閱法條，我知道他是與眾不同的，但是怎麼也沒想到有朝一日他會成為立法委員甚至是屏東縣縣長。

我最欣賞孟安的特質，就是他非常重然諾，不會像一般政治人物在選前說得「飛天鑽地」，選後卻是「船過水無痕」，一路以來，總是說到做到，即使過了幾十年，這個性格依舊沒變，對長輩十分重禮數，在現代的年輕人中已經不多見了，這也是恆春半島的人會這麼支持他的原因。

如今回頭看，我想，支持他從政應該是我這輩子做得最對的

那一片藍總是如此燦爛。

事情之一。

我的心內話：

一路以來，我非常抗拒外界給我的框架，我想走自己的路。

從政，在黨外時期被視為一條不歸路，尤其是出身素人家庭的我，沒錢、沒人、沒背景，想要在一黨獨大的台灣邊陲鄉鎮出頭，套句現代的流行語，「是一件不可能的任務」。

看著阿爸不顧旁人觀點，力挺邱連輝參選屏東縣縣長，當時，宣傳車來到村裡，他放炮表達堅持之意，這些點點滴滴留在心頭，最後當我決定投身公共事務後，我就知道非得做到底不可。

我很清楚，自己絕對不能走老路，早在 30 年前，從參選鄉民代表開始，我設立服務處、拍宣傳照、發放文宣……這些做法在當年偏鄉的基層選舉並不多見，周邊的冷言冷語更是不曾斷過，我依舊照著自己的步調向前走，最後以最高票當選車城鄉鄉民代表，其實是我始料未及的。

當年的一小步，卻是我人生的一大步。

「在高大堅硬的牆和雞蛋之間，我永遠站在雞蛋那方」，這是村上春樹所說的一句話，我也是。初闖政治叢林的我，打從一開始，就選擇站在民眾這一邊，長年來，力抗各種型態的不公不義，我深信，即使聲音微弱，若能匯流成河，終究

會走出自己的一條路。

當年，牡丹水庫的原水北送，卻未徵收集水區周邊用地，其他包括堤防整建；水庫保育基金撥補；補償金發放；地方回饋金等問題等均付之闕如，後來經過多方爭取，終於使得車城鄉鄉民可以免費申裝自來水。

三軍聯訓基地的禁建及限建問題，則是恆春半島居民的另一個夢魘。當地的海口以南、恆春網紗以北都位於三軍聯訓基地射擊範圍，居民長期遭到禁建、限建，且家裡玻璃經常被震碎，在地方不斷發聲後，軍方終於願意坦然面對，撤銷了禁限建令等相關措施，讓鄉民的緊箍咒終獲解除，同時，軍方坦克在公路移動，易產生交通事故，最後亦改由拖車載運，避免噪音擾民，減少交通意外。

短短 4 年，解決這類困擾地方多年的問題，以實際作為獲得在地居民的認同，1998 年，我在民眾支持下，決定轉戰屏東縣縣議員，最後以恆春半島地區最高得票數，當選第十四屆屏東縣縣議員，擔起更大的責任。

1. 返鄉是一條既遠又近的路。
2. 鄉代自製文宣。
3. 初入政壇，力抗強權。

1

2

3

不可能的
可能
● ●

屏東縣政府傳播暨國際事務處處長鄞鳳蘭，曾主跑屏東縣縣
議會，她回憶，當年潘孟安進入縣議會時，第一眼是黑黑瘦
瘦的，卻在議場主動發言，說起話來不僅條理分明，最重要
的是言之有物，尤其針對核三廠、三軍聯訓基地、農事生產
等半島長年面臨的困境頻頻發言，要求縣政府正視問題所
在，一位來自偏鄉的縣議員，能夠有那樣的發言，令人眼睛
為之一亮，當時就開始關注他。

她觀察，潘孟安有一種群眾魅力，不知道為什麼，只要跟他
聊過天，很容易獲得對方的信任，讓大家願意跟著他一起
拚，尤其是很多農工朋友，根本不認識他，卻是死忠的支持
者，以競選帽來說，每次選舉，總是一帽難求，選後，常常
可在廟會或公園，見到印有潘孟安字眼的競選帽，始終長
紅。

甚至，民進黨候選人的支持者多是小額捐款，有位曾在潘孟
安競選總部開立捐款收據的志工大姊透露，有位農民從九如
專程騎車到位在屏東市的競選總部，留下攢了 3 個月的老
人年金，點名要捐給潘孟安當作競選經費，同時婉拒了收
據，生怕被孩子看到收據會不開心，而這樣的支持者不在少
數……。

我的心內話：

從代表會轉入縣議會，自覺肩上的責任加重，服務的範圍從半島擴及全縣，除了持續站在第一線，帶頭衝撞不合理的人事物，進入議會後，開始論政提案，促成了管理墾丁水上摩托車的《屏東縣水上遊憩活動管理自治條例》，力促破壞生態環境的越野車隊定點、定時營業，以降低環境衝擊。

此外，恆春半島是台灣旅遊勝地，民宿數量激增，為確保遊客權益與旅遊品質，我在議會催生了屏東縣的「民宿管理條例」，是全國第一個制定的縣市，在直到民國 2009 年交通部頒布的「民宿管理辦法」實施後才順利接軌。

恆春半島每年約有半年吹強勁的落山風，我在縣議會力促發展風力發電，由縣府委託工研院進行評估，2002 年，中日合資成立屏東風力發電公司，在車城鄉尖山段興建監測站，發電公司在監測 3 年後，計畫投資 16 億元，興建 16 座風車，每座容量 2000 千瓦，相當於 2000 度。

遺憾的是，當年售電法源來自「再生能源法」，購電價格過低，不敷成本，讓這項風力發電的開發案隨風而逝，我進入立法院後，戮力推動《再生能源發展條例》，讓台灣能源發

展朝多元綠能前進。

除了為民喉舌外，進一步參與政黨運作，歷經總統大選等輔選工作後，為日後接棒民進黨屏東縣黨部主委奠基，才有機會擔任二屆民進黨屏東縣黨部主委，負責屏東各種選舉的操盤。

一路走來，一直站在火線上，不管扮演哪個角色，我的初衷始終不變，就是貼近土地的溫度與市井小民的喜怒哀樂，要替屏東人爭口氣。

1. 潘孟安帶著六法全書進入縣議會開始另一階段的任務。
2. 潘孟安帶領恆春半島居民爭取公共安全。

1

2

土地從不拒絕
任何種子

愈偏遠的地方愈需要凝聚力量，唯有集結眾人的力量，才有可能被外界注意，進而發揮影響力，解決根本性問題。潘孟安在當選屏東縣縣議員隔年，就號召一群關心恆春半島發展的文教人士，在 1999 年底成立非營利社團，要從土地種下希望的種子。

20 多年前的恆春半島面臨城鄉差距、教育資源缺乏等問題，現任屏東縣政府教育處處長的江國樑，當年就在恆春地區的學校服務，他參與「屏東縣瓊麻園城鄉文教發展協會」的成立，當時潘孟安是號召各方有志之士的創會理事長，而他則擔任總幹事。

那時候光是社團名稱的選定就經過一番激烈討論，江國樑說，大夥從上百個名字逐一討論，最後採取票選方式決定「瓊麻園」這個能代表半島的經濟作物，名稱確定後，最後找出「瓊麻園」的定位，聚焦在社區教育、多元文化與婦女成長、公共參與、提升社區文化自尊等領域，就此，「瓊麻園」在半島生根至今。

歷經多次轉型後成為現今的「社團法人屏東縣瓊麻園城鄉文教發展協會」，即使名稱改變，在這個大家庭裡，大家的意念一致，愛鄉護土仍是不變的初衷，甚至定調跨入社區大學

領域，開辦解說班與民謠班等二個班別，半島的全民學習風氣就此推展開來，如今，民謠與解說二大系統向上發展，成為支撐恆春半島發展的二大命脈。

一路走來，篳路藍縷，江國樑說，最初社團的資源匱乏，常常是由潘孟安自掏腰包，撐起整個組織的基本運作，才有辦法走到今天，是社團的幕後推手。

我的心內話：

對我而言，瓊麻很恆春，恆春很瓊麻，因為土壤貧瘠，雨水欠缺的恆春半島，一般作物難以生存，但瓊麻不畏環境的求生韌性，根本是半島人的寫照。

原本日子過得苦哈哈的半島人，自從喜陽光、耐乾旱、耐貧瘠的外來種瓊麻在恆春落地生根，大家的生活才開始改善，1945 年到 1965 年是產業的黃金年代，種植面積一度高達 5,600 公頃，占全台 55%，農家平均 4 人就有 1 人種植瓊麻，「瓊麻抽絲蓋高樓」這句俗諺正是當年的寫照，瓊麻為恆春帶來了希望，成為恆春三寶之一。

1998 年的半島，瓊麻產業早已沒落，當年我參加縣議員的選舉，在拜訪過程發現不少新移民來自菲、印、柬等國家，當年大家口中的「外籍新娘」隻身嫁來台灣，除了面對語言、文化、宗教、生活方式的陌生，還得適應家庭、經濟等壓力，其中的煎熬可想而知，這樣的處境與外來的瓊麻狀況相仿，於是，我與夥伴們成立「瓊麻園」，其一的重要工作就是協

助新移民姐妹。

當時，我撥出部分薪水來推動識字班、生活體驗班，讓姊妹們知道為何中秋要吃月餅，以及中元普渡的由來，這些新移民當時沒有投票權，我從沒想過從這群姐妹們身上得到什麼，純粹只是想讓她們盡快融入新故鄉，沒想到，2004 年我參選立法委員，姐妹們竟然包遊覽車北上替我打氣，經濟拮据的她們，甚至有意捐款給我，當下我感動到眼眶紅了，退回錢，卻將她們的好意留在心底。

我從新移民身上學到了一課，土地從不拒絕任何種子，心落下的地方就是家。

此後，只要能力所及，不管在哪個位置，我都會致力排除她們在生活及工作上的阻礙，我深信，新移民姐妹早已融入台灣，本來就是屏東的媳婦，我們所能做的是給她們更多揮灑的空間，讓新移民家庭成為屏東的新力量。

1. 瓊麻園替飄盪來到恆春的女孩們開班，讓她們盡速融入這塊土地。
2. 姐妹們替潘孟安換新衣。
3. 離家女孩們透過書信為二處故鄉找到連結。

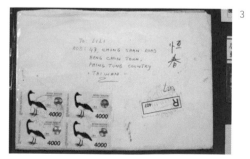

屏東
四季紅
● ● ●

潘孟安為蘇嘉全操盤，蔡英文南下打氣

「我覺得他是一個選舉奇才,真的很擅長輔選」,多次參與屏東選戰的幕僚鄺鳳蘭觀察,潘孟安除了自己參與鄉代、縣議員選舉,更因為身兼黨職身分,先後擔任各種選舉的操盤,從總統大選、縣長選舉、立委選舉、縣議員等選舉,大小戰役,無一缺席,且場場打得漂亮,至今尚無失手紀錄。

1998 年當選第十四屆屏東縣縣議員。2000 年任陳水扁競選總統的屏東縣總部執行副總幹事。2001 年任蘇嘉全競選屏東縣縣長執行總幹事及屏東縣縣長與立法委員的聯合競選中心主任。2002 年 1 月當選第十五屆屏東縣縣議員。2004 年任陳水扁總統競選連任屏東縣總幹事。

其中,在 2001 年立法委員選舉中擔任主任委員,執掌兵符的潘孟安大膽提出屏東「四季紅」口號,這個策略不僅一口氣將 4 位民進黨黨籍候選人送進立法院,也讓時任民進黨屏東縣黨部主委的潘孟安,交出全壘打的成績單。

當年當任媒體駐地記者的鄺鳳蘭說,第五屆立法委員選舉,潘孟安面對如空氣般的選票,他竟想到發放文宣,以身分證號碼號召選民自動配票,一舉將曹啟鴻、鄭朝明、林育生、邱議瑩等 4 人送進立法院,成為屏東政壇著名的「四季紅」戰役,也為他操盤選舉的歲月寫下輝煌的一頁。

我的心內話:

選舉其實是一種團體戰,嚴格來說,必須透過分工合作,組織、文宣、行政等體系缺一不可,就連幫忙煮飯的大姐,都

1. 2003 年與戰友用騎單車方式表達力挺台灣加入聯合國。
2. 擔任縣黨部主委期間成績亮眼。

有其必要功能，在選舉期間，幾乎天天開會，在跑完行程後，團隊才開始馬拉松式的會議，就當天選況進行檢討修正。

選戰瞬息萬變，牽一髮而動全身，因此，在選舉過程，民意調查具有相當的參考價值，不管是哪一個單位，哪一種民調，我和團隊都會不斷交叉比對並反覆分析，才能滾動修正競選策略。

有時候，負責輔選的我，選得比候選人本人還認真，有一回深夜檢討會開到凌晨 2 點，4 點又要陪候選人到屏東市的和生市場拜票，沒想到候選人沒趕到，反倒是我握遍每一雙手，當時還被市場裡的兄弟姐妹開玩笑問，「這一次是你要選嗎？」讓我哭笑不得。

對我來說，廣納民意十分重要，尤其擔任行政首長更是，縣長剛上任時，屏東在各種全國性民意中吊車尾，我不迴避，立刻要求團隊進行深度分析，找出真正的原因，若真是屏東不足，就要修正作為，迎頭趕上，若是數據不實或行政程序的疏忽，就必須立即更新補正，不可讓外界誤解。

此外，我更要求團隊成員勤走基層，帶回第一線消息，各種政策的推動，絕不能悖離民意，更不能發生換了位置就換了腦袋的狀況，這就是我從政的堅持。

伊是
咱的寶貝
•　•　•　•

二二八牽手護台灣的屏東站，原本計畫以高屏大橋下的屏東市建國路為終點，當年因為民眾的反應踴躍，執行難度不高，但，潘孟安卻將人龍串到佳冬鄉的昌隆村，負責組織動員的核心幹部貓福回憶，光是想都頭皮發麻，但既已成定局後，只能咬牙「撩落去」。

貓福回憶，當年要如何將屏東人催出來是一項空前挑戰，若以每個人雙手伸開的長度計算，串起屏東縣境得要 10 萬人，這時的挑戰是將人力過剩的市區配送到人口密度低的荒郊野外，需同時考量動員、接送、行政、場控等千頭萬緒的問題。

「當時孟安是總指揮，統整大小事物，尤其是動員過程，難免會遇到牛鬼蛇神等棘手人事物，這類燙手山芋交給他準沒問題，其他成員可以專注做好分內工作，全力衝刺。」貓福回溯那一段過往歲月。

貓福說，有次開會討論到屏東的氣候炎熱，擔心當天群眾久曬昏頭，帽子問題浮出桌面，大家腦力激盪下，孟安靈光乍現，提出「屏東站起來」造型帽，採義賣方式籌募生產成本，因兼具實用性與宣傳性，其他縣市得知後還跨域下單，最後不僅製作帽子沒賠錢，甚至還稍有盈餘，讓該次活動可以撐到最後一刻。

二二八牽手護台灣的活動除了寫下歷史，貓福觀察，原本沒沒無聞的孟安，因為這一次以屏東縣召集人身分居中聯繫，被屏東以外的人看見，就連當時的民進黨大老也留意到屏東有這麼一號人物，對他的從政之路有關鍵性的影響。

我的心內話：

2004 年 2 月 28 日的百萬人手牽手護台灣，是台灣民主歷史上重要的一頁，更是我從政後的轉捩點，而我有幸身為其中的一分子。

這是台灣有史以來最大規模的民主運動，北起基隆市和平島，南至屏東縣佳冬鄉昌隆村，從基隆到屏東築起一條 500 公里長的人鏈，以行動抗議中國針對台灣的飛彈部署。

當時，我除了是屏東縣縣議員外，還身兼民進黨屏東縣黨部主委，當中央黨部下了活動指令，面對這項空前行動，當下有一種既害怕又興奮的微妙心情，尤其，最後決定終點由屏東市的建國路，後推至屏東戰備跑道的昌隆村，且在台灣最南端的鵝鑾鼻舉辦晚會，屏東必須全力總動員才有機會串起長約 40 公里的人鏈。

我記得當時曾帶隊到台南觀摩模擬演練，團隊回來後，不斷的沙盤推演，其中，最困難的是人力安排，當時全台都在搶遊覽車，屏東根本租不到車，加上屏東的幅員遼闊，如何透過在地動員，把人配送到鄰近地域，這種人力流動的難度超高，卻是成敗關鍵，當時，夥伴擬了 40 幾套方案，天天滾

動修正。

除了人力的合理配置，團隊亦推出「台灣站起來」的宣傳遮陽帽；在鵝鑾鼻辦了一場感恩晚會；每 1 公里安排 1 輛舞台宣傳車，藉以維持現場熱度；每 500 公尺設置 1 個野戰廁所，讓民眾方便……，屏東的成員們，各自負責組織動員、文宣設計、行政支援、機動應變等，還得應付各種突發狀況，那一段天昏地暗的日子真不曉得是怎麼走過來的。

這一場硬戰是我人生一場空前的戰爭。

原本擔心參與人數不足，沒想到，鄉親們傾巢而出，即使我們調不到載運的遊覽車，依舊打消不了人民走上街頭的渴望，開著自家的貨車或載豬仔的卡車，自發性載著親朋好友抵達預定地點，就是不願在此歷史時刻缺席。

我永遠都忘不了那一天，從高屏大橋到佳冬昌隆的戰備跑道，許多家庭全家動員，甚至還有三代、四代或五代同堂，人潮實在太多，大家從手牽手變成肩並肩，甚至有些熱區的民眾重疊的排了 2 或 3 排，最後總計屏東共約 12 萬人參與。

大家站在戰備跑道上，從老到小，不分你我，手牽著手，耳邊響起「伊是咱的寶貝」這首歌，那真是一種無法言喻的震撼，我第一次看到，微小的力量竟然可以變得如此強大，沉默的台灣人選擇用行動告訴全世界，人民才是這塊土地的主人。

二二八牽手護台灣串連到台灣尾的佳冬鄉

是咱的寶貝。

土
地

第一次
走進紅樓

潘孟安擔任立委時期的國會辦公室主任陳學玲，是他在立法院的重要助手，有一回，她替委員整理桌面，發現堆積如山的名片裡，竟有很多助理或其他工作人員的名片，陳學玲說，依照經驗法則，一般會被立法委員留下的名片，多是立法院的同儕或行政體系的官員，「委員的名片真的是三教九流，什麼樣的人都被刻意留下來。」

陳學玲說，委員善於近身學習，剛進入立法院，正因為經驗不足，他處處以人為師，只要有不懂的地方，除同儕外，舉凡議場的行政人員、立委助理、國會記者，只要有可學之處，他都會當作老師來請益，因此很快就脫離菜鳥的生澀，迅速進入狀況。

此外，陳學玲觀察到潘孟安的另一個特點，就是融會貫通能力超強，她說，每一次助理整理的資料、提案，經過委員自己消化後，在提案發言時，總能引經據典，貼近時事和民眾，舉一反三的能力真的很強。

潘孟安從縣議員挑戰立委選舉成功。

我的心內話：

自從參與了二二八牽手護台灣的活動後，就燃起了我的戰鬥魂，讓我更加堅定自己的腳步，2004 年選上立委，肩負 53,583 張選票的期盼，從台灣最南端的小漁村前進台灣最北端的國會殿堂。

立法院是全台各方菁英匯集之處，原本只在電視看過的地方，彷彿進入電視的方盒子，搖身以立法院的新鮮人身分走進紅樓，那種感覺有點像逛進大觀園的劉姥姥，凡事新鮮、好奇又有點害怕，就這樣，立法院成為我長達 9 年的家。

立委的基本職權包括出席院會、委員會、公聽會，以及審議法律案、預算案、人民請願案、行政命令等。再者，立委得聽取總統的國情報告、行政院施政方針與報告，並提出質詢……其中，涉及太多專業，包括預算審查、產業發展、國際互動，凡此種種，對我而言，像是一座深不可測的殿堂，只能像一塊海綿拚命學習與吸收，那段時間，若用「匍匐前進」來形容也一點都不為過。

我屬於不恥下問類型的人，只要自己不懂的事情，一定會打破砂鍋問到底，非得把來龍去脈弄通、弄懂為止，從立法院的運作、議事的流程、公聽會的舉辦、法案連署與提案……不管是立委同儕、國會記者、立委助理、政府官員、駐衛警或行政人員，只要能給我方向或提點，我都會主動求教，就是要讓自己在最短的時間進入狀況。

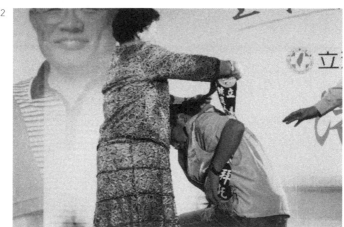

1. 潘孟安當選立委。
2. 母親為潘孟安披戰袍。

滴入河流的
汗水
● ●

「那一年，剛選上立法委員的潘孟安就任隔兩天，就要求水利署派員到屏東實勘河川，我們整整花了 3 天，走遍屏東縣境的中央管河川，甚至日落西山還得用手電筒照路才得以踏上歸途，我第一次遇到這種民意代表，那一趟下來，我心裡只有佩服」，時任經濟部水利署副署長的楊偉甫回想他與潘孟安初見面的酸甜苦辣。

由於屏東的地理位置遙遠，南北最遠長達百里，好不容易把中央機關主管官員請下來，潘孟安將考察行程排得滿滿滿，把全縣易淹水的地區整個巡一輪。

雖然累得半死，楊偉甫卻是心服口服，他說，當下我感受到的不是民意代表給我的壓力，而是地方和中央攜手就事論事，合力找出問題癥結，一起找答案，反而有助水利政策的推進，讓日後的補助能夠用在刀口上，精確又有效率，即使身體是累的，心裡卻覺得很有意思。

在公務單位服務超過 40 年，曾任經濟部水利署署長，最後在台灣電力公司董事長卸下公職的楊偉甫不諱言，自己從基層做起，常遇到身負民眾所託的民意代表要求官員到第一線視察，他很清楚多半是做給選民看，但，那一趟屏東行完全顛覆他的刻板印象，因為，他看到一位做足功課的菜鳥立

委，事前結合在地民眾、基層民代與會，直接點出地方的痛點，而不是走馬看花的虛應故事。

這一次的實勘成為一個起點，讓水利單位更加了解屏東的水患，也更能夠對症下藥，給予地方需要的補助或計畫，而記憶力超好的潘孟安，對於每個案子的進度總是記得清清楚楚，每次碰到面，就算是偶遇，都不忘盯進度，一定會追蹤到結案，否則絕不罷休。

此外，潘孟安有個特質是務實，他懂得扮演民眾與水利專業單位的橋梁，找出雙贏的可行之道，各自疏通，而不是一味的施壓，就連遇到用地取得或地方政府的棘手問題，他亦會居中折衝，克服難關，讓計畫得以繼續推動。

楊偉甫坦言，補助單位在分配預算時，必須考量地方的執行力，若是處處卡關，預算無法有效執行，當然會另做規劃，屏東在前置準備的工夫做得深，所以補助款一下放，很快就可以看到成果，這應該也是 8 年 8 百億等治水專案，屏東縣總能先馳得點的主因。

我的心內話：

從台灣尾挺進台灣頭，我最想做的事就是從屏東的觀點出發，為地方人民發聲。第一要務是做好基礎建設，從水利、交通到醫療都是攸關人民生命財產的大事，但，中央機關或核心政治的思維，總是停留在台北看天下，我必須要翻轉這樣的思維，屏東的聲音必須被傳達出去。

屏東多山區、多水系、多天災，優先要處理的是水患，才能解決人民的痛。

第一屆立委就任沒幾天，我就把水利署官員請到屏東，花了3天時間，由副署長率隊南下，從屏北的虎尾溝開始，最後到了屏南的恆春，進行屏東水利基礎設施總體檢。這批專業水利團隊頂著大太陽，走訪了每一條溪流，親眼看到農漁村水利基礎設施不足，進而衍生水患、土石流等洪害，更能同理地方，依照第一線的輕重緩急提出水利計畫。

舉例來說，過去中央總是分區、分段的治理策略，常陷於頭痛醫頭、腳痛醫腳的迷思裡，天災過後，投入大筆經費展開疏濬，但上游的野溪整治與水土保持若沒做好，下游的災害永遠不會終了，所以我力主全段規劃與預算編列，再分段發包施工，才能根本性解決水患問題，經過多方爭取，也獲得支持。

防災是百年大計，屏東在 2004 年啟動防災型的基礎建設作為，逐步提出可長可久的河川水域整治方案，在此基礎下，逐步推動，如同解開了九連環套，終讓累積數十年的水患鬆

動與緩解。

尤其是氣候變遷所帶來的百年致災水患，加速中央政府提出了8年8百億的治水方案，所幸屏東提早做了前置與準備，所以能夠順利銜接後續的治水方案，我整整花了三任立委與二任縣長的時間，明顯改善了過去每雨必淹的明星災區與易淹水熱點。

不過，對於上天我永遠心存敬意，天災無法事前預測，我們也很難做到百分百的準備，但至少要完備基礎設施，才能達到減災減害的目標。

潘孟安邀請各方官員南下實勘各種水利設施。

不讓回家的路斷

海棠颱風災情的慘重登上報社頭條

潘孟安的幕僚貓福觀察，潘孟安力推交通平權，除了跟自己
從小通勤有關，其實，有一件天災亦有直接關係，那就是「海
棠」颱風，他曾聽潘孟安親口說過，「不想讓恆春半島的孤
島噩夢再現」。

2005 年，「海棠」颱風來襲，溪水暴漲，連通往墾丁、台
東的楓港大橋也硬生生被溪水沖斷，長達 50 公尺的橋面全
部不見，混濁的溪水滾滾而下，把溪邊的超商給沖垮了，鐵
皮屋舍亦整個塌了下來。

橋塌了，公路局緊急封橋，通往台東及恆春半島的交通也因
此中斷。

當時恆春五里亭機場因為是非假日而停飛，海運的「藍色公
路」早已停航，水、陸、空皆無法通行，讓恆春半島淪為孤
島，包括恆春、車城、滿州、牡丹、獅子等 5 個鄉鎮約 7、
8 萬居民及 3 千遊客受困，時任蘋果日報駐地記者蔡宗憲說，
最後電力耗盡，他只能借用飯店備用的最後一點電力，才得
以傳出令人震驚的斷橋畫面。

我的心內話：

楓港大橋斷裂，不僅阻斷了高雄、台東、墾丁的三叉路口交通，牡丹水庫水管管線亦被沖斷，連埋在楓港橋下的光纖纜線都被扯斷，一連幾天網路大塞車，多家銀行無法連線，居民無法提款，當時的恆春半島陷入停電、停話、停水等困境，就連醫療後送也成為問題。

整個恆春半島宛若停擺，當時，一顆高麗菜叫價 3 百元，一顆蛋創下破天荒天價 15 元，平均價格暴漲 5、6 倍。楓港大橋斷橋帶來的孤島效應，永遠刻在我的腦海，我必須盡我所能，防止孤島情況再度發生。

交通，始終是地方命脈，但，屏東總被排拒在外，無論是國道、鐵道、快速道路，屏東永遠是斷鏈的那一節，尤其，每每在立法院質詢台上，提及客運補貼等問題，總是聽到官員用經濟效益回應偏鄉交通困境。

屏東多山多海，風災一來，很容易產生孤島效應，這種狀況除了恆春半島，也發生在部落山區，莫拉克風災就是一例，所以交通平權是我心中的優先處理問題，不管有何阻力，我從來沒有一絲退卻過，長達 20 餘年的交通平權抗爭，高鐵、台鐵、公路的延伸或施置，在未抵達終點之前，我絕不會罷手。

1. 2. 3. 災後半島宛如孤島，居民生活起居皆受影響。

1

2

3

跳上
主席台
• • •

「2005 年，時任立法委員的潘孟安在桃園機場抗議連戰出訪中國大陸，涉嫌在警方執法時對之施暴，被控妨礙公務，經桃園地方法院裁定緩刑兩年。」

「2006 年，潘孟安與中國國民黨黨籍立委吳英毅發生肢體衝突，被控傷害罪，裁定拘役 50 日、緩刑 2 年。」

「2008 年，中國奶製品污染事件期間，因時任行政院衛生署署長葉金川未出席民進黨黨團會報而和他發生肢體拉扯。」

在維基百科或各種關於潘孟安的介紹上，在爭議時間中，總不免提及他在立院的幾起肢體衝突事件，一度讓他背上民進黨「打仔」的刻板印象。

「委員啊，我對你上屆立委任內唯一印象只有你跳上主席台耶！」曾經有位國會記者，在酒酣耳熱後，對潘孟安說了這麼一句話，讓他愣了一下。

我的心內話：

凡事都要付出代價，民意代表當然也是。第一個 3 年立委任期，身為來自農業縣的新人，背負鄉親的期待，無以回報，只有一顆發燙的心，做一名敢衝、敢拚、敢言的民意代表，沒有太深的城府，也不懂得算計，當基層的聲音被忽視時，我只能赴湯蹈火，甚至不惜跳上主席台搶麥克風，因為為民喉舌是我的職責，一點都不容打折扣。

當然，公眾人物的一切言行都被攤在陽光下，無法也無從迴避，有幾件具爭議性的事件被留在網路上，如今回頭看，在當時的時空背景下，基於行使職權過程衍生的肢體或劇烈行為，雖非出自本意，但因職務所在，仍需要實際行動來維護核心價值，不過，對於行為本身與受到影響者，我是心懷歉意的。

若重來一次還會這麼做嗎？我沒有答案，因為，人生是無法重來的，沒有如果這件事，不過，隨著年紀漸長，我慢慢領略到「不要只想著贏，要想不能輸」的奧妙。

機場事件真相說明會。

不要只想著贏，

要想

不能輸。

夾縫中的
在野空間
●　●　●　●

歷經三屆近 10 年的立委任期，潘孟安先後經歷過陳水扁、
馬英九、蔡英文等三任總統，身處政治的紛擾時刻，在政黨
輪替的藍綠對決中，從執政黨立委成為在野黨立委，當時的
冷暖點滴在心頭。

2008 年的立法委員選舉，單一選區新制上路，潘孟安以
59,896 票連任，但，當時民進黨遭遇創黨以來的嚴重挫敗，
時任潘孟安的立法院主任陳學玲貼身觀察，113 席立法院席
次民進黨只取得 27 席，處在「朝極大野極小」的政治局勢
中。

當年，國民黨黨籍的馬英九當選總統，全台 25 個縣市、直
轄市首長，泛藍陣營取得超過四分之三席次，囊括 15 個縣
市、直轄市席次，當時的民進黨陷入谷底，身處艱困處境中，
該如何突圍，對民進黨黨籍的立法委員是很大的考驗。

陳學玲說，2009 年立委擔任立法院民進黨黨團幹事長，像
是一名家道中落的長子，對內，得與大黨打交道，透過合縱
連橫策略，力保立法院內的兄弟姐妹們保有發揮的空間。對
外，面對屏東鄉親們的殷殷期盼，試圖在政治體制的現實
下，替屏東爭取更多資源，當時的委員可以說是內外交迫。

我的心內話：

在民進黨風雨飄搖之際，從立法委員第七屆的第六會期開始，擔任民進黨黨團書記長，負責民進黨立院黨團的黨內溝通事務，整合與協調黨內的不同意見，讓法案推動更加順暢。

身處逆境中，硬碰硬於事無補，如何跳脫政黨的意識形態，將全民權益放在第一位，是當時的挑戰，我深信，即使無法得到執政黨的奧援，只要據理力爭，仍然有可為之處，不管外界的紛擾，我絕不能愧對選民所託。

為了推動更多法案，我聚焦在全民關切的議題，提出多項重大法律修正案，並透過朝野黨團多次協商來突破重圍，即使身處紛亂的政治氛圍下，在第七屆立委任內仍爭取三讀通過的法令就有 26 條，解決不少懸而未決的沉痾。

雖然困難，但種種努力也因此被看見，從第七屆的第二個會期開始，在公民監督國會聯盟的立委評鑑中，我一連三次拿下第一名，最後拿下「第七屆立法委員國會特殊貢獻獎」（勞工權益領域），是 6 位得獎者中，唯一的區域立委。

2012 年，第三次立委連任，自第一會期開始，擔任民進黨黨團幹事長，負起民進黨立院黨團對外傳訊與媒介事務，也要負責與其他政黨黨團聯繫的工作。

那段時日裡，民進黨黨籍立法委員光是法案要取得連署門檻都有困難，我認為，必須在藍綠間取得最大公約數，才能為人民創造最大效益，因此，只要符合台灣利益與人民優先的

前提，我也會以務實的態度，暫將意識形態與意氣之爭擱置，專注在民生議題上。

坦白講，對內，得關照所有的黨籍立委，對外，又要與其他政黨競爭，對上，中央政府部會首長的政黨意識，對下，屏東縣資源短缺急待補實，在內外煎熬的情況下，身處政治核心位置，更需參加電視節目論述民進黨的主張。

大環境的低潮反讓我懂得沉潛自省，學習以不同的角度看待周邊的人事物，自己如果不勇敢，沒有人會替你堅強，我沒有放棄的權利。

所以在立院期間，我總是試著站在對方立場思考利害關係，提出對彼此有益無害的方案，即使在不同陣營，亦能相互尊重，所以只要提出無關政治立場的提案，常常繞著議場走一圈，就能獲得同儕的連署。

如今回頭看，民進黨立法院黨團書記長和幹事長的歷練，讓我除了身為屏東籍的立法委員，還能站在更高的視角看待台灣發展與整體布局。

1. 車站身心障礙梯會勘。
2. 在經濟委員會質詢經濟部長。
3. 替農漁民發聲義不容辭。

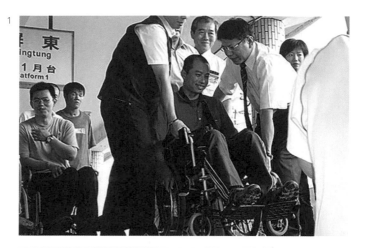

雨，
下個不停的那一年
●　●　●　●

2009 年「莫拉克」颱風帶來的旺盛西南氣流致風雨成災（亦稱八八風災），雙園大橋斷橋，屏東有多名疑似墜橋失蹤罹難的民眾，分別住東港鎮、新園鄉和潮州鎮，家屬向交通部公路總局請求國家賠償，公路局以「八八水災是天災」為由拒絕。律師周春米在時任立委的潘孟安和罹難家屬請託下，邀楊靖儀、湯瑞科、蔡將葳組成國賠義務律師團，向政府提起國賠訴訟。

周春米坦言，那一年的國賠訴訟案是段煎熬的過程，一開始找證據找得非常困苦，因為這事件被官方認為是天災、不可抗力、沒有人為疏失，公路總局第三養護工程處以無法舉證該雨量已影響橋梁安全而達封橋標準，拒絕面對受害者家屬，致求償過程處處碰壁，隔年 2 月 10 日農曆春節前國賠的請求被駁回。

但，潘孟安立委支持她力爭到底，周春米說，當下咬牙回頭找突破點，直到 4 月 14 日監察院糾正文出爐，指出「交通部公路總局未能依實況彈性調整封橋最適時機，消極保守、致釀災害，顯有疏失，交通部監督不周，亦難辭其咎。」

最後，6 台車 11 人，政府終於願意賠償 4,600 餘萬，總算給家屬一個交代，周春米抱憾表示，遲來的正義也只是一種

補救，終究無法喚回他們的家人。

我的心內話：

2009 年 8 月 9 日，中度颱風「莫拉克」的強降雨重創屏東，第一時間救災的橡皮艇數量不夠，我曾任屏東縣威鯨救難協會理事長，當下向恆春地區的水上摩托車業者求助，他們二話不說，立刻加入救災行列，加速救災速度。

當時，林邊與佳冬淹大水，為趕在第一時間救出受困民眾，我向恆春的水上摩托車業者求助，他們在第一時間放下工作，不眠不休的搶救，單是在 8 月 8 日當晚，就成功從災區救出 135 人，最後共救出 1 千多人。

當下腳下那雙泡水的鞋從 8 月 8 日一直穿到 15 日，泡出了香港腳，在 8 月 15 日生日當天，還有朋友打電話來慶賀，我回了一句「現在哪有過生日的心情？」便繼續投入救災工作。

那場風災給屏東帶來太大的傷害，災後百廢待舉，重建是在泥濘中進行的，從產業、文化、教育、生活到環境等重建，這是身為屏東人的責任和義務，我不敢缺席，不過，最讓我讓刻骨銘心的一件事是雙園斷橋的國賠案。

2009 年 8 月 9 日凌晨，有 6 台車 11 人在返家途中，行經每天必須經過的雙園大橋，但橋墩卻遭豪雨沖毀，共有 459 公

尺長的橋面斷裂，這 6 車 11 人在黑夜中墜落橋下，音訊全無，當時動用國家資源，包括海軍潛艦，依舊無法找到落海的鄉親，8 月 28 日，我主動要求政府應對「雙園斷橋案」給予國賠，無論如何都要給家屬一個真相。

不過國賠之路漫長難行，必須要有律師陪著鄉親一起走，否則幾乎沒有成功的機會，2010 年 1 月，在家屬委任下，我請時任律師的周春米與其他 3 名律師，正式對雙園大橋的管理機關交通部公路總局第三養護工程處提出國家賠償請求。

我必須感謝當時的義務律師團成員，包括周春米、楊靖儀、湯瑞科、蔡將葳等人的挺身而出。

我在交通委員會質詢當時的交通部部長毛治國，交委會通過「與家屬進行國賠協議」決議。同日交通部部長毛治國、次長葉匡時公開表示包括雙園斷橋等四大案重啟國賠程序。7 月 27 日，家屬等待不到官員任何「主動」回應，我與義務律師團第二次提出國賠聲請狀。

歷經多時纏鬥與法律攻防，7 件國賠案終於在 2011 年 2 月 22 日全部協議完畢，6 台車 11 人，政府終於願意賠償 4,600 餘萬，這只是眾多悲劇中的一件，我舉這個例子的原因很簡單，一如聖經所指，「做在弟兄中一個最小的身上」，即使是市井小民的權益，依舊必須被正視、被保護。

就連孩子也是渾身泥土。

1. 莫拉克風災重創屏東。

2. 水淹沒家園。

3. 海軍透過聲納探測全力搜尋雙園大橋斷橋失蹤人車。

奔南又闖北，
對的事就去做
• • •

在立法院開議期間，是依照簽到順序發言，且需要委員親自簽名。早年為了趕中午新聞播出時段，若能愈早發言，媒體曝光率愈高，所以，立法委員為了爭取發言權，常會一大清早開始排隊登記，「有時早上 7 點多他就到場等候簽名，這對經常南來北往，又是個夜貓子的委員，真是件很不容易的事」，時任立委辦公室主任的陳學玲回憶。

她說，取得較早的發言權後，距離正式質詢開始前，約莫有一個小時的空檔，這時候，他常會溜回辦公室小瞇一下，蓄積質詢的戰力。

陳學玲有感而發，身為台灣尾的立法委員，不斷的南北二地跑是一種日常，甚至為了隔天的黨團緊急動員或重要會議，他可以當天南北來回 2 趟，這樣的做法不是 1、2 天或 1、2 年，是三屆立委任期都是如此，長期蠟燭二頭燒，能做到的有幾人？

我的心內話：

屏東是農業縣，過去政府的產業政策存在不少盲點，長期以高科技為主軸的產業政策，忽視了農業的價值，產生了難以估算的失衡。

暫不論產值，農業從業人員的就業人口，扮演台灣社會穩定的一股力量，但政府卻往往漠視了這些無聲的存在，立委能做的就是凸顯長期遭到漠視的議題，進而推動修法，讓失衡的狀況有所改善。

所以，我長期聚焦在民生與弱勢者等相關法案的推動，其中涉及諸多專業評估與研究，好在我有一群超強助理群，總能忍受我在三更半夜要求補充資料，提供最周全的數據與文件，作為我在議場的後盾，擲地有聲的為地方代言。

此外，屏東農漁特產不論質或量在全國都是名列前茅，所以每到產季，我經常會在立法院舉辦農產品促銷會，麻煩助理一個個派送到各立委研究室，透過行銷推廣，讓更多人知道屏東的好。

我與在地產學合作，推動台灣農業新文創。

民眾的事，
從來都不是小事
●　●　●

潘孟安在擔任立委期間，設置全縣各區服務處，且除非有重
大事件，否則一律堅持親自上線，因此，服務處前總擠滿了
戴斗笠或開著小發財車的選民來求助。

時任立委潘孟安屏東服務處主任的徐富癸透露，平時脾氣不
大好的委員，只要看到這些人，總是特別有耐性地聽他們說
話，一個個處理完民眾服務案件後，每到週六傍晚，他就會
召集助理們開始討論陳情案，指示在能處理的範圍內做最大
的努力，要求至少在一週內主動回覆陳情人相關進度，絕對
不能「船過水無痕」，讓陳情人苦等不到下文。

其中，有一個陳情案原是司空見慣的老問題，一名婦人涕淚
縱橫，希望委員幫忙協商一樁債務，他聽完後得知，原來是
農婦的丈夫在外欠債，卻連累一家人，兒子都還沒踏入社
會，就必須承受龐大債務，父債子還，一輩子恐難翻身。

徐富癸說，長期以來，父債子還、夫債妻還等類似陳情案，
早已存在數十年，面對類似請託案，民意代表充其量幫忙陳
情人與金融機構斡旋，在法律容許範圍內，將個別陳情人的
金額調解到最低，但，委員當下聽了，認為不是釜底抽薪的
根本之道，沒想到，就此開啟了一場漫漫的修法戰役。

我的心內話：

一路以來，我先後待過內政、經濟、程序、教育與文化、司法與法制委員會，視角始終瞄準在基層的農漁勞工，因為這些市井小民的權益必須有人來捍衛，一路走來，不曾改變過。

在各種基層問題中，最讓我難忘的是民法的債權問題，尤其是繼承債務的部分。

站在金融機構的立場，是擁有發聲權的一方，當然反對這項修正，但，對小老百姓而言，卻是難以承受之重，這些人多是個體戶，聲音難以匯集成浪，以致這樣的現象存在台灣數十年，造成無數家庭悲劇。

這個案例是由具律師背景的立法委員尤美女跟我共同提案，我知道問題所在，代表民進黨進行黨團協商，特別將此案列入優先法案，這次修法不分黨派，跨黨派攜手合作解決弱勢人權的問題，在大家共同努力下，在 2012 年 12 月 7 日迅速三讀通過此案，民法夫妻財產制等相關修法在短短 3 個月完成，從此不再有夫（妻）債妻（夫）要還的狀況，解救了當時處在水深火熱中的 5,000 多個家庭。

此外，中央政府常以地方的人口嚴重老化，建設後的經濟效益不高而不予補助，舉凡雲林縣、南投縣、嘉義縣、苗栗縣等非直轄縣市，因老年人口比率明顯高於全國，遭受不公平對待，凡此種種皆肇因於中央的不合理標準，造成資源分配不公的二度傷害及惡性循環。

法律應該是為人民服務。

新六都體制導致近 7 成台灣人民擠在 3 成土地內。以北台灣為首的都會區，人口呈現過度密集化趨勢，其餘地區卻逐漸人口外流，形成「一個台灣，兩個世界」的偏差發展。身為台灣人民，一樣繳稅、服兵役，但，非六都與六都的條件卻存在相當大的差距，非六都縣市的人民就該被當作次等公民對待嗎？

這些議題無關藍綠，卻是台灣發展的長期傾斜，當我草擬《縣市振興發展條例草案》後，調整及均衡直轄市與非直轄市的縣市發展差異，緩和人口與資源過度集中於直轄市的趨勢，自然能獲得非直轄縣市的共鳴與支持。

此外，來自南方的立委，懂得地方的困難，積極提出各種解決對策，先後在任內提出 17 項法律案，包括《再生能源發展條例》、《民法繼承編》、《國土復育條例》、《社會救助法》、《農業基本法》、《長期照顧服務法等草案或修正條文》。另參與提出《勞工保險條例》、《離島建設條例》、《勞動基準法》、《國民年金法》等草案或修正條文，善盡立委的本分。

尤美女與潘孟安共同提案，廢除惡法。

美麗的
島嶼天光
● ● ● ●

當反服貿的年輕人衝入立法院時，當時狀況一觸即發，時任潘孟安國會助理的黃國榮觀察，當時的立法院院長是國民黨的王金平，立委潘孟安努力在藍綠間斡旋，跟當局協商，只求確保學生的人身安全。

在這一場公民運動中，潘孟安跟所有民進黨籍立委除了以口頭奧援學生，就只能全程在旁守護學生安全，以免讓公民運動沾染政治色彩，避免事情複雜化，在進退之間，動輒得咎。

黃國榮說，那陣子委員幾乎是日夜守在立法院周邊，最多是回去宿舍洗個澡又趕回議場留守，時刻關注議場的動向，為學生搭起隱形保護傘。

我的心內話：

2014 年 3 月 18 號，當時國民黨黨籍立委憑藉著人數的優勢，在未遂行立法權監督前，短短 30 秒間一字不改地通過服貿協議。

我身為民進黨黨團幹事長，只能率領黨籍立委在立院奮力阻

貿遊行在理性且秩序的狀態下進行。

擋，試圖透過各種管道引起國人注意，沒想到，意外引發就讀大學、研究所的年輕學生，從立法院靜坐演變成攻占議場，迅速在當天聚集了超過 1 萬人，青年世代透過網路向國內外各個角落發聲，國人才開始對服貿協議的內容產生質疑，進而嘗試了解，最後終於知道服貿帶來的危機，引起公民社會的注意。

太陽花學運原本是以黑島青成員為主的抗議靜坐活動，在網路號召後，迅速得到其他公民團體的迴響，接著，愈來愈多的學生加入，無論是反服貿、反黑箱，或是同時反服貿及反黑箱，參與者表現了高度的公民素養，有秩序、有禮貌、有組織、有創意，在在都感動了台灣各角落的人，因此，330 才會湧現 50 萬的黑衫軍。

當天群眾穿著黑衫席地而坐，或看書、或唱歌、或聽演講，就是不離去，還自製貼紙、海報、文宣在現場發送，讓參加者愈發感動。

遊行會場協助維護交通。

要聚集如此多的群眾何其不易，但要讓這群人在同一時間散去更難，當主辦者宣布晚間 7 點結束，330 當晚彷彿有了神奇的魔咒，所有人瞬間散場。

2014 年 4 月 11 日，是台灣國會被學生們占領的第 24 天，亦是太陽花學運撤出議場的日子，當時，沒有人知道那一晚是民主征途的開始，或是結束，但太陽花學運是台灣自 1980 年代以來最大規模的「公民不服從」行動，也是立法院首次遭到民眾占領，在運動結束後，該運動仍然持續影響著台灣社會。

這場學運的表現連我都深感佩服，這次事件，除了從頭到尾的陪伴外，不間斷的居中斡旋，目睹並參與這場台灣公民運動，帶給我很大的省思。

黑夜過後，盼日後美麗的島嶼，天光常在！天佑台灣！

攤在陽光下的
透明
● ●

「三月十六日，氣溫驟降、春寒料峭，紅色建築的立法院內卻暖暖的。

攝影機排排站，刺眼的鎂光燈閃個不停，將放在台上的成排獎座，映照得金光閃閃。站在閃亮燈光下的是由公民監督國會聯盟選出，第七屆第四會期的『第一名立委』。

8 個委員會的冠軍立委，除周守訓、趙麗雲、羅淑蕾三人為國民黨外，賴清德、潘孟安、黃偉哲、黃淑英都是民進黨，另司法及法制委員會獎牌保留。

這份由將近 80 個民間非政府組織（NGO）評選出的『第一名立委』名單，大家還很陌生。這些『第一名』憑什麼在國會 113 個委員中脫穎而出？你投票選出的立委表現合格嗎？」

這一篇報導發布在天下雜誌 443 期，由林倖妃撰文的「誰是第一名立委？」，潘孟安正是其中一人。

據「社團法人公民監督國會聯盟」的立法委員評鑑，立法委員的第七屆第一到第八會期，潘孟安屬經濟委員會，除第七屆第二、三、四會期連續三次經濟委員會拿下第一名，更因

潘孟安拿下公督盟頒發的勞工權益特殊貢獻獎。

在經濟委員會中，針對勞工提出多項重要法案，拿到「特殊國會貢獻獎」。

我的心內話：

權力往往會使人失去方向，身為政治人物，最怕自己忘了初心，不知不覺被同化，尤其是國會議員的誘惑很大，所以力推行政透明，我不敢說自己很好地勝任，但我很認真投入，也會常常鞭策自己，反省自己。

在某些法案的推動，包括《地質法》、《再生能源》、《民法繼承編》等重大法案修正，雖然數度遭逢財團、銀行團及諸多利益團體的壓力，但我認為，對的事情就要做。

以黨團協商來說，這項做法備受爭議，社會大眾對於密室協商普遍認為是利益交換的地方。我先後擔任立法院民進黨黨團的書記長與幹事長，清楚協商能夠使議事進行較為順利，是必要作為，但亦須要有監督制度，對於非營利組織的評鑑平台，我更是抱著戒慎恐懼的心態，因為，國會議員需要被監督，如此一來可以避免國會濫權，督促從政者的問政能夠做到兢兢業業。

此外，除了錄影、錄音外，亦將之列入議事公報，有助協商的透明化，提升立法院議事效率。

早年，鄉下的資訊來源多半是電視台，網路普及率低，而媒體嗜好衝突的、不好的一面，24 小時不間斷地在電視台播

當你
面對太陽時，
陰影總是
落在你的背後。

放，對立法院、立委的印象多半不是正面的，所以我力推國會頻道的平台，開放網路隨選視訊系統，加上國會頻道的設立，讓農忙之餘的民眾也能關心國會動態。

第四權的媒體亦是監督立法院的主要力量，我也努力將自己的作為攤在陽光下，接受媒體的監督，藉以檢視自己的發言深度、廣度與專業性，也因此督促自己在第七屆立委任期提出全民退稅、學雜費凍漲、調降油電價到學童營養午餐免費等重要的經濟民生議題。

種種的檢視只會讓自己變得更清更透更嚴謹，我深信，當你面對太陽的時候，陰影總是會落在背後。

週末，
就回屏東上班

當上立委後的最大改變，就是工作範圍變大，人不是在立法院，就是在屏東的服務處，一如半島的候鳥在慣有路徑來回的奔馳。

時任潘孟安服務處主任的徐富癸說，立委服務處包括恆春鎮、東港鎮、屏東市等 3 處，正好位在屏東地理位置的南、中、北地區，團隊成員每週五從立法院趕回屏東，通常每週五晚上直衝恆春，在夜間服務，隔天一路北上，上午在東港鎮，下午到屏東市，是基本的行程，尚不包括其他實勘或會議。

潘孟安選擇站在第一線傾聽民眾的聲音，除非有突發或重大事件，基本上，他每週都會按表操課，每週一天未亮，清晨5 點起床，又得趕早班高鐵北上立法院開會，只能趁著搭車時間小憩一下，徐富癸搖搖頭大嘆，這樣的體力和意志力真的是要有鐵人般意志和體力。

我的心內話：

一般人的週休二日，我卻在跑選區，每個週末就是選民服務

日，各種難題的選民們早已在服務處等著，每到週五傍晚就得搭高鐵趕回屏東，可說是不折不扣的「高鐵族」。

週日則是實勘需要協助的社區或聚落，雖然真的很累，但我出身基層，服務是本分，每週選民服務是我直接面對民眾的機會，這條臍帶絕不能斷，9 年任期始終如一，就是要兼顧專業問政與服務選區。

一路走來，我始終專注在自己的工作，不敢一心二用，因為政治工作是自己的熱情所在，追求的是台灣南北平衡發展，為屏東鄉親謀取福祉。

週週返回屏東服務鄉親。

這個立委管很大，
服務遍及三大洋

身為屏東籍立法委員的潘孟安管很大，就連太平洋、印度洋、大西洋都要管？！擔任潘孟安助理 14 年的家得，是負責東港、琉球一帶的地段秘書，一開始協助居民處理船難，然後擴及產業發展、立法修正，成為漁民眼中最值得信賴的海洋漁業立委。

屏東的東琉線漁民含括了近海與遠洋漁業，遠洋主要是財務健全的大型商船，近海漁業多屬家族式的漁家居多，船隻的噸位、設備相對簡單，每遇颱風季節，在外海作業的船隻若故障拋錨，船長只能通報海岸電台，用 VHF（高頻無線電）通知附近友船支援。

早年海難事件欠缺完整的通報與作業機制，命運只能交給天，家得回憶當年，漁民家屬求助無門，就會打電話來求助，尤其是冬天，人剛鑽進被窩，電話就開始大響，又有漁船拋錨急需協助，當下只能套件外套就出動，載著家屬四處調零件，還得同步與海巡署聯繫，再將漏夜調到的零件送到海巡署，由官方接力出海送給漁民。

來回一折騰就已天亮，即使東方泛起魚肚白，還得趕回漁業電台追蹤狀況，必須確認漁船狀況排除後才能結案，家得苦笑說，「因為委員要求一定得從頭盯到尾，確保船隻安全無

1. 父親節專程到漁港為漁民賀節。
2. 全國漁會赴立院陳情申請漁民權益。

虞才能結案。」

從前討海人出海後只能自力救濟，竟然有人在「山上」幫忙奔走，這樣的服務很快在各漁船的無線電交流下，快速傳播出去，自此，討海人在出海遇上事故，頭一個想到的人竟然是立委潘孟安，東港服務處受理的海難事件激增，類型層出不窮。

隨著求助案件增多，從最初的近海漁船故障，愈管愈大，愈管愈遠，協助船隻的噸位從 CT3、4、5 到遠洋漁船都有，最後連十萬八千里外的漁船被扣，都需要插手，家得說，這類事件的複雜程度高，除了外交部外，也會透過在地商業領袖幫忙斡旋，多管齊下，才能讓人船安全獲釋，動輒需要 1、2 個月。

那些年，每次到東港服務處的潘孟安受理完案件後，常會穿著短褲，直接殺到「東水」碼頭，切些豆腐乾、黑白切，直接坐在岸邊纜樁旁，和當地漁民邊喝邊聊，有時還會跳到船上拜拜，這樣的日子不是 1、2 天，而是週週年年如此，完全沒有政治人物的距離感，讓個性強悍的討海人開始信任眼前的人。

在口耳相傳下，東琉地區漁家每遇到困難都會來救助，甚至不少陳情人是先到「王爺廟」擲筊、求籤，受王爺指示，「只有三點水的番王才能解決」，所以循線找上門來，事實上，東港服務處的案件結案率高達 9 成，除了極少數觸及法律問題無法介入外，再棘手的問題都會替漁民「走闖」，就這樣，潘孟安成為東琉地區居民口中的「三點水番王」。

東港東隆宮是漁民的信仰中心。

在浪頭生活面臨無數風險。

後來，在立法院推動的《漁業法69－2條》修法引起爭議，身邊幕僚曾經力阻，若力挺漁民，恐會對選情造成衝擊，始終在旁的家得說，當時老闆明知自己會受「重傷」，卻只說了一句話，「我如果不說的話，也沒有人敢說了」，身為東港人，至今他仍然打從心底服這個老闆，「我認為他是對的。」

我的心內話：

漁民就是我的老師。我對海洋生態與知識的累積，全靠這群浪頭上討生活的漁民，以這血淚換來的知識，從三腳虎、拖網、魚刺網等作業方式，三大洋的遠洋作業基地，以及紅加網魚、櫻花蝦到黃鰭鮪、大目鮪、長鰭鮪等魚蝦種類，漁民都願意一把手一把手的教我，讓我慢慢懂得漁民語彙，更理解討海人的苦。

早年常常一出海就順流捕撈魚蝦，沒有明確的作業規範，一不小心就會有越域的情況，出了狀況又無人可靠，光是高屏二縣近海海域就經過一段時間磨合，才找出雙方都可接受的代償做法。

至於外海作業，更得要有幾把刷子才能活下來，遠洋漁船作業範圍遠及太平洋、大西洋與印度洋，有些海域海盜橫行，為確保台灣漁家的安全，我積極修法，最後終於讓遠洋漁業船隻可以合法聘用安全人力來確保船隻與船員的生命財產安全。

「潑到海，才知道討海有多苦」，這是老漁民跟我說的一句話，我深深有感，不論政府、團體或大眾，都不曾上過船，不曾討過海，不清楚在國際水域作業的現實考驗，需要更多的彈性與權宜，因此，我推動各種修法、協商或公聽會，或許不一定符合大眾的認知，但，我必須站在漁民的立場，將窒礙難行的部分提到檯面上，相互討論可行之道。

選民
服務學
● ● ●

曾擔任潘孟安幕僚的黃建嘉想起,有一個週五,團隊在台北忙晚了,老闆仍堅持返鄉做選民服務,當天搭末班高鐵到左營,再驅車前往近百公里遠的滿州鄉,赴某個喪家捻香。到滿州時已凌晨 1 點多,面對隔天一早就有的行程,不免碎念起當地半夜捻香的習俗,沒想到老闆臉一垮說:「每一個在地風俗,都得尊重。」

講起選民服務,對從政者而言,是一門永遠也修不完的學分,這項工作一做 30 年,可以用「夙夜匪懈」來形容一點也不為過,是一門超難修的社會學,也畢不了業的學問,除了他自己奔波,團隊也是硬底子,形成了鐵打的鋼鐵團隊。

時任屏東服務處主任的徐富癸是第一線領軍者,他分析,早些年,民意代表給人的印象就是做服務案件,幫忙銷單、調職,服務做得好,下一屆就支持,但,隨著專業問政的年代到來,大家一聽到「選民服務」四個字就認為很 local,搬不上檯面,受理的盡是些雞毛蒜皮或是陳年舊案,還有不少根本是無解的死案,常常敷衍了事,但,老闆對於選民服務卻是慎重看待。

尤其是年長選民登門絕不可輕慢,「委員非常重視庶民的小事或心聲」,他總是說,若連傾聽或協助我們身邊的人都做

不到，還能做什麼事？只是在進退之間，就需要下很深的功夫，才能在法、理、情之中找出均衡點。

我的心內話：

早年我參加社區活動，其他民代大手筆的認捐 10 輛腳踏車或贊助幾萬元，我沒有錢，只好一步一腳印，盡所能的代為奔走，來回應民眾的支持。

我是屏南地區第一位民進黨黨籍的縣議員，我非常珍惜鄉親給我這個機會，所以，在服務處不盛行的年代，我就開始設立服務處，不是那種把看板掛在自家門口的兼辦概念，而是特別請了助理，專門處理選民遇到的困難。

後來又兼任民進黨屏東縣黨部主委，蠟燭二頭燒，只能在屏東市、恆春鎮二地跑，100 公里的距離常常一天得來回數次。

隨著選上立法委員，對我來說沒有什麼不一樣，只是服務範圍不斷擴大而已，每週一到週五在台北立法院打拚，白天在立法院，常常晚上趕回選區，一早再出門，週五下午則一定趕回恆春，週六上午在東港，下午在屏東市，除非有大事，不然我一定在現場。

通常等到屏東市的選民服務時間結束，我們團隊就會開始下一輪的工作，彙整一週內收到的陳情案件，進行內部討論、分派、回覆、追蹤，這是一個基本流程，等商討出因應方案後，再交給各區助理負責，週一上班立刻執行，若權責涉及

中央，則由我帶回台北處理，我要求助理需在一周內，了解第一階段的處理狀況，主動回覆陳情人，不容許「船過水無痕」的情況發生。

只是陳情案五花八門，不管合理或不合理，無論合法或不合法，甚至是根本無解的死案，團隊都會深入了解，在情理法兼顧的狀況下執行，不論結果是否能讓陳情人滿意，至少，我們必須傾聽民眾的痛苦，給予適度的回應，積極代為奔走，在不為難執法機關基本原則下，亦盡可能為陳情人爭權益，這是我認為必要的基層服務。

若以東港、琉球地區常見的漁權問題，只要船隻被扣留，我們會立刻派助理去了解狀況，陪同家屬與外交部、漁業署共同處理，必要時，還得動員漁業基地的人脈居中斡旋，盡全力把人和船都放回來，其中涉及的利益、法律、國權等複雜問題，沒有經歷過的人很難理解，我們只能盡力而為。

把人民的小事當作自己的大事，這個道理人人都懂，只是要做到並不容易。坦白講，陳情案件正是社會的縮影，可以看盡人性與人生，即使面對外人無法施力的案件，陳情人週週來登記時間，我們始終以理相待，其他案件，就算機會不大，團隊也會努力一試，因為對外人來說或許是小事，但對陳情人而言，就是過不去的坎，至少我們能遞茶送水，讓他們覺得不孤單。

要完成這項堅持，真的是要感謝我的助理群們，能以正向態度來面對嬉笑怒罵，沒有他們的協助，團隊根本無法在第一線運作。

即使角色轉變，必須投身專業問政，對選民服務我也不曾鬆

懈，因為，這些陳情問題亦可能是社會病灶，若不及早去了
解或面對，到頭來，反而要付出更大的社會成本。

上車前還是繼續跟車外的民眾多說幾句話。

耐操、耐磨，
有凍頭的風火輪 • • •

雨鞋是必備的配件。

熟悉潘孟安的人都知道，他只有過年那 3 天會留在老家，這時候，他的隨行秘書才終於能獲得幾天的喘息空間，除此之外，可說是過著 365 天的焦不離孟生活。

身為長期隨身秘書的鵬哥有「失憶症」，就是所有關於老闆的事都記不得，雖然什麼都不說，但，後車廂一開，放了幾套換洗衣物，他笑著說，那是因為老闆沒日沒夜的趴趴走，摸黑出門摸黑回家，他有時連家都沒空回，只好把換洗衣物隨身攜帶，這樣的生活直接反映老闆的日常作息。

至於一起同生共死的三菱國產座車，鵬哥只舉了革命情感最深的老車為例，在立委期間的一部老車「不到 3 年跑了 40 多萬公里」，耐操、耐磨又有凍頭，過著以車為家的餐風露宿生活。

鵬哥說，車子後座的隨身物品是一雙黑雨鞋，不管是勘災或到農田、魚塭都能派上用場，至於一排衣服主要是西裝、原住民背心、雨衣雨褲、休閒服，不管什麼場合都能派上用場，下車前換一下衣服就能上場，這 2 年又多了口罩和防護面罩得備著，隨時都能用上。

至於後排座位除了必備的水瓶和手機充電器外，還堆滿了各式各樣的資料，那些都是老闆在移動過程讀的資料，雖已堆積如山，鵬哥說，這個部分除非老闆自己動手，否則會維持原本樣貌，不會輕易移動順序，一旦亂了，事情就大條了。

1. 車子就是我的行動辦公室。
2. 車上放滿不同場合衣物。

我的心內話：

因為生活在鄉下，早早就學會開車，後來也會開著阿爸的小貨車四處批貨送貨。

從政後，是自己一個人四處跑，慢慢才有助理幫忙，自從擔任立委後，就有助理幫忙開車，但，只是讓我的「戰馬」更加辛苦，最初靠著一部三菱客貨車「凸」全屏東，雖然不是名牌車，馬力也普普，卻極有「凍頭」。

我的車算它運氣好，跟了我，上山下海，整個屏東 33 鄉鎮市的每一寸土地都有它的足跡，餐風露宿，通常一輛車開個 10 幾萬公里，差不多可以準備除役，我的「戰車」1 年就開了 10 幾萬公里，鮮少有故障的情況，使命必達，如果可以的話，我真會封那輛為金牌戰車。

現今的公務車若要「開箱」，大概是一輛最陽春的行動小屋，吃喝睡都可以包辦。
對我而言，車子不只是車子，反而比較像我的行動住家，在車上睡覺的時間比在床上多，甚至，還是我的更衣室，有時遇上黃曆的吉時，紅白帖都有，就得在車上換衣服，所以在車廂後頭，總會有一套換洗衣物，運動鞋、皮鞋各一雙，以隨時應付各種狀況。

這些年若沒有這些「千里馬」，我恐怕哪裡也去不了。

把人當人，
莫忘初衷
●●●●

潘孟安的幕僚群不約而同觀察老闆後發現潘孟安有個強烈特質，就是能夠在很短的時間內，跟人打成一片，即使是不同的政黨，或是士農工商，總是不必花太久時間，就能和對方body body。

「就算沒有朋友，也不會是敵人」，一位自鄉代期間就和他一起奮戰至今的夥伴貓福，針對潘孟安的性格，提出他的觀點。

貓福說，潘孟安的交友廣闊，上通達官顯要，下至市井小民，行行業業都有朋友，所以消息靈通，對於市場動態或民情輿論走向，都能在第一時間精準掌握，想要糊弄他可不是件容易的事。

有一回，潘孟安在跑行程途中接到中央部會首長的求助電話，當時不同陣營立委技術性的阻擋一筆預算，相識的首長請他協助化解，潘孟安當下打了一通電話，代為斡旋，最後用一頓下午茶化解這個事件，讓預算得以執行，在旁聽到這段故事的幕僚見識到老闆的功力。

1. 深入第一線了解民瘼。
2. 議員期間參與地方活動。

應該以
民意
為依歸，
找到最大公約數。

我的心內話：

在人與人的相處上，我覺得同理是一件很重要的事，一定要
設身處地替對方思考，「為什麼對方會做這件事？」，先理
解箇中原因或彼此的利害關係，自然就能在不損及對方的前
提下盡可能的調解，即使彼此立場不同，只要對事不對人，
更不占對方便宜，久而久之，大家就會清楚我的為人，而不
會陷入非敵即友的狀態。

從小，我就很愛交朋友，年輕時，每逢年節，我跟阿兄與一
群從小長大的朋友，就會聚在自家魚塭打屁聊天，常常忘了
回家時間，還驚動同伴的媽媽來找兒子。到了立法院後，深
夜最愛和藝文界朋友談論時事，暢聊小說或電影，滿足了我
內心的小小浪漫。

從政後，大家都說政治圈充滿權謀計算，但，我相信每個人

的心中有一把尺，身為立法院的黨鞭，必須在政黨之間協
商，進退之間的分際是什麼？對我這樣一個人來說，我什麼
都沒有，唯一的靠山就是選民，所以不管是衝撞體制也好，
法案提案也罷，內心的那一座天平就是把人當人看，絕不能
忘記自己的出身和從政的初衷。

政治是眾人之事，政治更是為人民服務的，人民才是我的老
闆，在政黨、派系之前，最重要的是人民的意念與福祉，正
因為我從不把人視為棋子，會設身處地為對方思考，在弄清
楚利害關係後，在相互尊重的前提下，找到彼此共通點，就
有機會跳脫僵局。

政治始終是分分合合，外界或許霧裡看花，但，立場不同，
觀點有異，不代表彼此就是敵人，而是應該以民意為依歸，
找到最大公約數，才不會愧對民眾所託。

PRES

潘孟安 已不是潘孟安

首長篇

1776 年，美國《獨立宣言》裡揭櫫了一段文字，「造物者創造了平等的個人，並賦予他們若干不可剝奪的權利，其中包括生命權、自由權和追求幸福的權利。」

來自偏鄉市井的潘孟安，看盡城鄉差距，在他眼中，屏東人是一體的，不論士農工商，不分男女老幼，都是屏東的前進力量，各自的基本權利應該得到保障。

屏東縣向以農漁業見長，對外，初級產業面對全球化的市場競爭，產生了泡沫化危機，農漁業亟需轉型與升級，對內，面對後六都時期的邊緣化危機，屏東勢必要找出自己的特色，才能在國際化浪潮下創造差異，爭取更多發揮空間，他決定轉換跑道，參選屏東縣縣長。

從為民喉舌的民意代表轉至地方的行政首長，這一役對潘孟安別具意義，除了必須面對外部挑戰，更重要的是帶領屏東人向自己挑戰，才有機會大破大立，開創新局。

2014 年，潘孟安以 308,953 票，囊括約 62% 選票，當選屏東縣第十七屆縣長，跨出立法院的那一天，他已脫胎換骨，10 年磨一劍，在立法院練功多時，挾著高人氣返回到自己的故鄉，打算將抱負付諸實行，打造安居樂業的屏東！

這一次，民進黨贏得了台灣九合一選舉，其中屏東在內的 13 席地方縣市首長。蔡英文亦在 2016 年總統大選出線，成為中華民國第一位女總統。民進黨在立法院亦取得過半席次，首度完全執政。

在這樣的社會氛圍下，潘孟安借力使力，把一天當三天用，攤開一年 52 周的行事曆，8 年如一，〈當下〉這個篇章，如同透明櫥窗，讓外界參與潘孟安擔任縣長的每一天。

PETER PA

我怕老，

老人就是寶，一定得疼惜。台灣能走到今天，若沒有長者付出一輩子的血汗打拚，哪能換來現在的順風順水，因此，潘孟安走馬上任，火力全開的力推老人關懷據點的設立，就是要讓長者在自己熟悉的社區在地安老。

社區關懷據點不論是天涯或海角，再忙他都會親自去揭幕，中午刻意留下來替長者打飯，陪長輩聊天用餐，在他眼中，長者是屏東的資產而非負擔，一路從社區關懷據點到多層次生活照顧服務，提供多層次的照顧服務，他堅持，只要長者有需求，就要繼續做下去。

N'S ⬡ DNA

——老人就是要惜

要面對。

我是屏東的大漢囝

「我是屏東的大漢囝」,縣長潘孟安曾經多次於公開場合講出這句話,只要聽過的人都很難忘記。屏東縣政府社會處處長劉美淑觀察,縣長是以長子的心態,來為外出打拚的子弟,照顧留在鄉里的長輩。

陪著縣長上山下海開設關懷據點的社會處處長劉美淑,將縣長與長輩互動看在眼裡,她說,縣長上任第一站是去長治鄉潭頭的關懷據點,自此,每一個據點設立他都一定會親自到場,關懷據點就算開在天涯海角,縣長也都到,而且,中午一定會替共餐的長輩打菜,陪他們一起吃飯聊天,屏東縣從他上任時的 150 個據點,如今擴充到 388 個據點。

很多偏鄉長輩聽到縣長要來,總是當作一件大事,像小孩子般開心得不得了,提早打扮一番,縣長一到場就會開玩笑說,「你專程去 SET DO 吼」,長輩們都被逗得呵呵大笑,陪長輩們做活動,最後換上圍兜、帽子、口罩,替每一位長輩服務,樂此不疲。

隨行攝影師阿東觀察,縣長只要跟老人或小孩一起拍照,根本不必擔心拍不到好照片,這些時候縣長格外輕鬆,笑容特別多。

走訪關懷據點，替長者挾菜。

我的心內話：

很多人疑惑為何我滿腦子只有老人，三天二頭跑據點，上山下海推長照，因為，這是我們欠這些長輩的，這些老人亦是日後的我們，很多事可以重來，但流失的健康一去不回頭，照顧長輩絕對不能等。

尤其屏東縣已邁入「高齡社會」，照顧長者是不能迴避的任務，所以我們透過各種組織舉辦不同的活動，就是要讓長輩忘記自己的年齡。

隨著關懷據點的普設，我開始利用午休時間去據點幫忙長輩打菜，大家一起聊天用餐，不論好話、歹話我都點頭配飯吞下肚，其實，我知道長輩只是想有人陪著吃頓飯而已。

我最愛聽這些吃的鹽比我走過的路多的長者們「臭彈」，真的超有意思的，我很愛窩在老人國裡偷學他們的生活經驗，這個特質沒有因為工作的轉換而改變，反而更加深化，叔伯們看到我，就拉我泡茶配土豆，常常一屁股坐下去，聊天團的人數愈來愈多，你一言我一語，從村落的水溝不通到國家大事都能聊，想閃人都難。

至於姑嫂們看到我，二話不說就端出家裡的好料來餵食，明知自己的肚子愈來愈大，但這群媽媽們總是說，「你怎麼變那麼瘦，是不是沒吃飯，來，多吃點」，在那個瞬間，我決定相信自己沒變胖，削掉損傷的蓮霧；進香買回來的土豆糖；嚼不爛的魚乾；自己醃的梅漬小番茄……我卯起來吃，請相信我，這些私房點心真的讚，絕對不輸五星飯店的招牌料理。

看似我們在照顧長輩，其實，他們給我們的更多，尤其是參加社會處主辦的銀閃閃系列活動，看著長輩甩開年紀包袱，抹上胭脂與蔻丹，拎起名牌包，或是換上「西米洛」，就像是專業 model 在伸展台走秀，趴哩趴哩，各個是花美男與美魔女。

甚至還有美魔女與我合影時，指導我要懂得看鏡頭，我乖乖地說，「我知、我知」，以免不聽話，被美魔女敲頭，所謂年輕這件事，真的不是用年紀來計算的。

加入長輩動起來。

分進合擊，
最佳拍檔
●　●　●　●

在屏東縣政府裡，縣長負責開疆闢土，大小會議開到深夜是
日常，吳麗雪則將重心放在府內，讓一切都在軸線上運轉，
兩人分工合作，讓屏東走入台灣走向世界，打開能見度，合
體成為屏東縣政推動的最大加速器。

8 年前，潘孟安選擇原屏東縣政府社會處處長吳麗雪擔任副
縣長，當時，就連吳麗雪本人也不解，吳麗雪說，「我跟縣
長沒有淵源或私交，我也不知道為何他會找上我」。但，兩
人共事 8 年，合作無間，彼此互補，滾動了屏東縣政府這個
龐大組織，建立了「以人為本」的新屏東。

吳麗雪回想當年，縣長剛當選時，已經投入社福領域多年，
始終在第一線征戰，正想趁機讓自己喘口氣，突然從天而降
的職務，是一項無比的挑戰，讓她猶豫不已，最後下定決心
的是潘孟安的一句話，他說，「妳放心，政治的事情我來張
羅，府內工作由妳負責」，明確畫分了彼此的工作，「一路
走來，縣長遵守他的承諾，給了我充分的信任與支持，這是
我最感謝他的部分。」

8 年的共事，社福體系出身的吳麗雪果然替潘孟安完成了
「以人為本」的施政核心，她充分發揮女性的敏銳、韌性、
智慧，成為支持硬漢的柔軟。

喜怒形於色的潘孟安，常讓縣府團隊畏懼三分，縣長卻不曾兇過吳麗雪，她掛著一貫笑容說，「大概是我年紀比較大，縣長會敬老尊賢」。

事實上，在縣府團隊裡，吳麗雪扮演母雞角色，以羽翼護著一大家子，單位成員每每遇到棘手問題，因為怕挨縣長罵，常常第一個找副縣長討救兵，她會在了解事情的來龍去脈後，引導同事做適度修正，最後問題多半能迎刃而解。

「那是因為我懂他的急與關切的點，只要把手邊事情做好，且適時主動回報各種案子的進度，就能大大降低他的焦慮感。」吳麗雪透露她應對縣長的小技巧，讓女性的細膩成為縣府機器的潤滑油。

在吳麗雪眼中，「縣長看似嚴格，其實心軟得不得了，總是對事不對人，他的內心與外在恰巧相反，總是過於惜情，尤其遇到有關於人的問題，反而最難決斷，一心想給人留一條路」，這時，吳麗雪則會挺身做出明快處置，看似溫柔的媽媽換位成為鐵娘子。

同時，她也看到這位首長的難，有時候，明明城市建設和發展方向是對的，團隊默默規劃多時，卻遭人污名化，縣長只

創造

屬於屏東

的榮光。

潘孟安與吳麗雪（右二）是最佳拍檔。

彼此同心，

能概括承受，背了不少黑鍋。

當了一輩子的公務員，吳麗雪當然清楚行政業務推動常會有外力的干預，但她透露，她與縣長的互動從來都不是由上而下，只要她對縣務推動有所疑慮，總是直言不諱，坦率對縣長提出自己的觀點，多能得到支持，即使偶爾沒有留意到政治層面，做出與縣長想法相左的決定，他最多只說，「既然做了決定，我們就一起承擔。」

在她眼中，潘孟安保有政治人物少見的真，且謹守分際，這一點在政壇已不多見，就是這般真性情，讓兩人成為縣政團隊的最佳拍檔。

我的心內話：

我了解自己的性格適合在外頭開疆闢土，接棒縣政推動，需要有人安內，尤其我一心想讓長者、弱勢得到妥適照顧，需要專業且有經驗的人來協助，最後委請原屏東縣政府社會處處長吳麗雪擔任副手，她的思路清楚，行動效率，身段柔軟，進退有據，像是家庭裡最令人安心的媽媽。

除了謝謝副縣長背後的支持，對於整個縣府團隊，我除了謝謝外也是只有謝謝，大家辛苦了。我明白團隊成員在我的壓榨下，加班已是日常，但，正因為彼此同心，才能創造屬於屏東的榮光，這是大家一起寫下的歷史。

潘孟安與吳麗雪主持屏東集團結婚。

總是頂著
老 K 臉的縣長
. . .

看到行動不便長者，他總是頭一個去攙扶。

縣府團隊最怕辦活動，尤其是表揚大會，全縣性的表揚活動動輒幾個小時，只要流程出狀況，縣長立刻會垮下臉，當場發飆，甚至搶走麥克風當主持人，安排流程，不少社工員被罵得慘兮兮，前幾年，社工員只要聽到縣長要來，常常嚇得「皮皮挫」。

社會處處長劉美淑只能頻頻開導同仁，多做幾次彩排就好，況且，縣長只是嘴巴碎念，不會往心裡去，尤其在頒獎台上，絕不讓志工上陣，以免縣長脾氣一來開罵，不小心傷到志工的心。

2022 年的母親節表揚大會，是潘孟安任內最後一次舉辦，劉美淑說，同仁被念了這麼多年，對於縣長重視的細節也摸清楚，事前做足準備，本想這一次應該可以安全過關，沒想到，這一次攝影師的拍攝距離較遠，麥克風聲量又不夠大，讓聽力不好的長輩聽不清楚攝影師的口令，這隻獅子當場發飆，工作人員趕忙將音箱調整位置，立馬排除問題。

練就金剛不壞身的社工員自嘲，從第一年被罵到最後一年，也算是有始有終，以驚嘆號畫下句點。

我的心內話：

每次擺了臭臉後，下了台，我的內心其實也很愧疚，可是又不知道怎麼表達，只能默默走到主辦同仁旁邊，跟大家說句「辛苦了」，或是讚許其他做得很好的地方。

大家都很包容我的急性子和壞脾氣，對此，我真的非常感激，雖然口氣不好，但一點惡意都沒有，都是我的修養不夠，把大家操到不行，還擺一張臭臉，雖是積習難改，但我真的會竊自檢討改進⋯⋯。

我無意辯解，但這真是我的罩門，不論模範父親、母親、勞工或模範生⋯⋯，每一位獲獎人站上舞台是多麼不容易的事，甚或，一生只有一次機會，所以想讓每位受獎人都能得到最高規格的對待，讓他們和家人享受榮耀的一刻。

雖然明知有些小環節掉拍無傷大雅，有時候，主持人把鄉鎮別念反了，我覺得對受獎人非常失禮，就會忍不住暴衝，每次都會請到攝影師來記錄特別的一刻，我很擔心長輩們沒拍到最好的畫面，總是雞婆的提醒他們看鏡頭，乍看，或許只是瑣碎小事，對受獎人卻是大事，這是我覺得團隊起碼要做到的事，在求好心切下的「歹臉腔」，在此對同仁說聲「歹勢」。

1. 縣長總是會幫獲獎媽媽找鏡頭。
2. 看到模範媽媽頭上的那朵花，連縣長都忘了看鏡頭。

你們都習慣
穿皮鞋了嗎
● ● ●

「我相信他不會丟下我們」，跟了潘孟安 14 年的助理家得
篤定的說，這份自信是來自長久建立的信賴，即使老闆總是
掛著一張老 K 臉，講話粗聲粗氣，但，家得說，那只是彼
此觀點不同而已，他十分重感情，心超軟，絕對不會丟下弟
兄。

向來打團體戰的潘孟安團隊，除了辦公室的專業團隊外，更
有地區秘書在第一線奔走，將第一手的民情輿論帶回府內。

有一次開會時，團隊成員有些做法或說法未接地氣，潘孟安
突然蹦出一句話，「你們都穿習慣皮鞋了嗎？」要求所屬設
身處地替基層思考，硬是把鬆了的螺絲再鎖回去。

縣府推動各種政策，必須同時兼顧情理法，這是縣府團隊的
默契，因此屏東書院整修開放前，主責的民政處處長徐富癸
就在縣長要求下，早早偕同警方，提前跟市場外溢的路邊攤
販們勸導溝通，在法理之前，仍不忘人情的那一端。

我的心內話：

出身社會底層，嘗盡人情冷暖，深知市井小民為張羅一日三餐的苦，所以我會想去圓融一切，盡可能跟各行各業接軌，做一名「接地氣」的縣長。

第一任縣長當選日，我發出了「以愛為名‧和諧共生」的幸福宣言，要找出全屏東人的幸福公約數。

「在漫漫的選舉過程中，不論候選人、政見或團隊，全部都攤在陽光下，接受大眾的檢視，在灼熱的翻騰氣氛下，對立與衝突難以避免，在激烈的煙硝激辯中，人與人的信賴、族群與族群的互動、階級與階級的認知，在一次次的對談中被擾動著。

一如戀人、朋友、夫妻、父母、親人，無論如何親密，再怎麼有默契，溝通依舊是通往幸福的道路，唯有透過不斷的溝通與對談，才能找到屬於彼此的幸福公約數。

孟安深信，面臨一次次挑戰，必然釋放出波波能量，只要用心、用對方法，屏東就能一天比一天更好，我們的明天會比今天好。

最近，讀了一篇文章，大體上是這樣說的，愛，是人類生存問題的解答，沒有愛，就沒有照顧、尊重、責任和了解的企圖，孟安相信，我們的看法不一定相同，步伐不一定一致，但，一切的原點和初衷，必然是因為愛，因為愛自己、愛家人、愛土地、愛我們周遭的一切，才會有所思，有所言，有所為。

屏東，是我們的家，我們站在同一塊土地下，呼吸相同的空氣，在大武山下，我們一起笑，一起生活，一起伴著孩子長大，另一方面，一起承擔負起歷史留下的共業，一起煩惱台灣競爭力的衰退，一起面對高齡化的問題……。

每個人都是獨立的個體，孟安相信，只要我們尊重彼此的不同，只要心存愛與關懷，歧見總會一點一點的消除，對立總能一步一步的化解，我們的社會將會因為多元及包容而更美好。」

不忘初心，方得始終；初心易得，始終難守。上任時的這篇文章是我對選民的承諾，快八年了，我留存至今，就是要時時提醒自己，不管能做到幾分，至少一定要全力以赴，才不會愧對選民所託。

腳踏在
泥土上，
親近土地
親近人民。

一切，
從奉茶開始
• •

在許多民眾眼中，公部門就是衙門，公務員被視為長官，到政府機關洽公，民眾與公務體系間存在著某種不對等的關係，為了打破這道隱形的牆，屏東縣政府從遞上一杯茶做起。

潘孟安就任縣長後，時任縣長室秘書的黃國榮說，縣長一上任，希望打破醬缸文化，嚴格要求縣府人員的電話禮貌，電話聲不能響太久，接線者得主動報上自己的名字，適度回應民眾的需求。

「有時長官會打電話來做測試，只要電話多響幾聲沒人應答，或是沒有報上自己的單位和名字，就會被要求改善。此外，若有訪客到來，第一線人員得遞上茶水，提供最起碼的招呼，若招待不周，亦會被要求改善」，一位屏東縣政府的基層公務員搖著頭說，「剛開始真的不太習慣，幾年下來習慣慢慢成自然了。」

黃國榮坦言，要讓典型的公務機關打破過去的慣性很不容易，他舉例，縣長剛上任時，基層上簽的公文，常常蓋了10幾個章，就是沒有人願意做決定，有時一只公文跑了一個多月仍不見下文，而公文裡的錯字百出……，類似狀況屢見不鮮，經過長時間拉扯，才慢慢獲得改善。

我的心內話：

缺乏彈性與效率是公部門常給人的刻板印象，不可諱言，這樣的情況確實存在，但，制度是死的，人是活的，我最想突破的是扯爛污和反潮流的醬缸文化，努力貼近民眾的需求，激起公務人員的熱情，導入新創意和新做法，讓做的事情有「溫度」。

棍子和蘿蔔必須齊進，一方面，我透過制度和考核來督促同仁提升施政品質與服務品質，慢慢的，屏東縣政府團隊展現了能力與實力，屢屢在公部門或世界競賽中取得不同的獎項，證明了事在人為。

在要求同仁的同時，我也看到了同仁受到的不公平待遇，也會想辦法改善，舉凡縣府員工或教職員的宿舍老舊，我看了都不忍心，主動爭取經費改建或新建，另外，六都之外的敘薪層級不同，出現同工不同酬的一國二制，凡此種種，我也戮力向中央爭取，一一獲得改善。

尤其是在第一線執勤的同事，經常會遇到不理性的對待，甚至公務員在執行公務過程，人身安全遭到威脅，縣府必須當他們的靠山，我會立刻請警方全力捍衛，有些執行公務的同仁莫名挨告，即使縣府沒有編列訴訟費，我仍會延請律師出馬，絕不會讓他們孤軍奮戰。

過去 8 年的事實證明，公務員的素質良好，只要能夠激發他們的潛能，同時提供相對等的工作環境和條件，就能讓公務體系走向廉能，官民共好。

就連路跑也會奉茶為跑者解渴。

有些事
不做不會怎樣，
做了就會
不一樣。

屏東縣的
1999
●●●●

在日常生活中，縣民對縣政推動有不同需求，分屬不同單位主管，縣長潘孟安一上任，2015 年旋即整合窗口，成立 1999 專線，由單一窗口受理民眾洽詢事宜，只是，每日電話關切的跨越各局處，第一線人員必須迅速且精準的回應，還得應付天外飛來的非縣政問題，甚至受話人員還成為民眾的受氣包，特別是春節期間，得犧牲假期，輪班處理各種突發狀況。

屏東縣政府傳播暨國際事務處處長鄞鳳蘭說，有一次，我忍不住替 1999 的同仁說句話，縣長知道後，專程去替第一線人員打氣，還特別請小編發文，拜託民眾打電話時能多一分體諒。

對於基層的關心，除了在角落的隱形單位外，甚至是極少碰面的工作夥伴，縣政府的約聘人員阿 D 說，老闆知道有新同事進來，會主動關心她是否習慣，讓這位年輕小妹妹訝異，沒想到竟然縣長會記得她。

我的心內話：

我雖然記憶力還不錯，但每天實在遇到太多人，即使很眼熟，有時難免張冠李戴，讓同事常常私下抱怨。

不過，或許我記不得每個人，認不得每張臉，但縣府團隊的每一個人，不管是在哪一個單位，擔任什麼工作，都是屏東縣政府一員，我都會給予同等的尊重。

以 1999 申訴專線為例，當初是為了有效接收民意並在第一時間回應與處置，這些 1999 的同仁工作時，戰場就是一個 OA 辦公桌椅與一支電話，有時一接起來就被劈頭大罵，甚至被飆罵三字經，代縣府受過，成為民眾的受氣包。

此外，基層清潔隊亦是環保急先鋒，工作環境令人掩鼻，卻風雨無阻的穿梭在大街小巷，我能做的只有努力爭取經費來更新垃圾車，環保局亦會將獎金用在第一線人員，並安排我與隊員用餐，親自謝謝這群幕後英雄的默默付出。

在縣府這部大機器裡，有太多小螺絲釘，讓組織得以正常運行，平常沒有這個機會，但，我真的要謝謝縣府大家庭的每一個人，因為每個小我的付出，才能讓屏東的大我走向更美更好的境地。

1999 專線為民眾解答各種縣政問題。

PETER PA

我怕淚，

皮膚黝黑，個性分明，不打高空，加上脾氣躁，不認識潘孟安的人，在刻板印象中，常誤以為潘孟安是打仔出身的「阿尼基」，其實，他只是臉酷了點，個性直率了些，其實，心是紅的啦。

N'S ⬡ ● DNA

——弱勢就是要顧

更要同理。

鐵漢的
柔軟

握有公權力的人，應該要更謙卑，因為，深負民眾的信賴與
託付，方方面面都須做仔細評估。

公權力的執行，通常不會是單一考量，總會有對立面的問
題，層層疊疊的交錯著，拆遷與被拆遷，補助與被補助，不
是切西瓜可以一切二半，用黑或白、對或錯來論斷，尤其是
面對牴觸戶拆遷補償或環保經濟衝突，只能權衡最小的傷
害，讓損失降到最低。

每遇這類棘手問題，他總會千交代萬交代，要求所屬先去溝
通，尤其是對於老農，口氣與態度不要過於嚴苛，有一回，
為了執行公權力，不得不拆除違建戶，但，補償金給了地主，
租客卻無家可歸，他用個人關係，私下協助安頓……。

潘孟安返回宿舍第一件事就是開電視新聞台，聽聽台灣大小
事，有一回的拆遷爭議，遭受到外界抨擊，入夜後返回宿舍，
罕見的沒開電視，坐在沙發上的雙肩垂落，一語不發，那一
回，身邊的幕僚難得看見鐵漢脆弱的一面。

人去茶涼，在政治圈尤是，不過，在身邊人的眼中，潘孟安
是極為「惜情」的人，在他身邊工作逾 20 年的徐富癸說，
潘孟安的同學、團隊幹部、志工、同事遇喪，他除了盡可能

協助,多次包辦告別式,甚至張羅夥伴的遺孀工作、子女就學等問題,每到過年前夕,他總會到舊部屬或老友家去探視,說說話,包個紅包或帶份禮物,用自己的方式,代為照顧其家人,這是一般人看不到的溫柔。

潘孟安在立委時期,有一位助理因為交通意外離世,他始終關心他的家人,每一年過年要返回車城前,總會先繞到這位助理家裡,陪助理的父親聊聊天,關心家裡狀況,9年多來始終不變,讓這家人點滴在心頭。

剛就任縣長時,各種紅白帖或社福團體的勸募,以及學生繳不出學費,紛紛來求助,潘孟安用自己的薪水支付,連續過了好幾個月後,又有年輕孩子需要幫忙,負責出納的同事再也按捺不住,提醒縣長說,「你的薪水早已花光,根本就不夠用」,他才慢慢調整自己的做法,在能力所及的範圍內做自己能做的事。

我的心內話:

我看上去很兇,其實心比誰都軟,信不信由你。

1. 冬夜為弱勢者送上熱粥。
2. 潘孟安帶團隊走入身障機構，替憨兒的家刷油漆。

我是當了爸爸後，
才學會當爸爸
● ● ●

潘孟安曾經是 34 個孩子的資助人，扮演「父親」的角色，隨著孩子們長大，陸續從大學畢業或念研究所後獨立，目前照顧的孩子仍有 19 位。

潘孟安從擔任縣議員時期，就是家扶中心恆春區主委，是長期認養人，自從擔任縣長後，得知有些不符合法令補助資格的學童，在求學及生活遇到困難，他請社工員協助評估，若有需求的學生，包括到外地念書的住宿費，或是特殊科別需要材料費，他都可用個人費用來支應，沒想到，一做至今 8 年未停。

社會處處長劉美淑說，剛開始，我們提了一些名單讓縣長選篩，縣長很信賴專業評估，社工員開出來的名單幾乎都會納入，剛開始，每人每月一萬元，金額過高對受助者不見得是好事，隨著資助人數愈來愈多，我們從專業角度建議縣長不必齊頭式發放，反而可視國小、國中、高中、大學的需求與差異，每月提供數千元的獎學金，平均認養人數維持在 10 餘個人。

除了金錢上的奧援，他亦會主動詢問孩子們的就學或生活狀況，甚至畢業後的學生，也會關懷他們的就業狀況。

縣長阿杯您好：

合辦屏東七校聯合熱音成發對我們來說是高二最後一次的表演活動，在辦完這場活動後就要開始努力拼學測，當作是高中這兩年來在熱音努力的成果展，我們花了很多課後時間在討論以及籌備這場活動，很希望能邀請您一同參加，共享社團成果。

在辦這場活動的期間受到很多困難，但由於您的幫助，讓我們學生減輕了許多負擔以及煩惱，很感謝縣長的幫忙，我們更加的感受到身為屏東的孩子真是非常幸福的事！

而今年的活動剛好舉辦在 8/8 父親節，您一直以來都像我們的父親一樣，是我們的榜樣，像今年的全中運，在網路上時常看見您賣力的跳著驕仔舞的影片，就是為了推廣全中運，看見您這麼努力的身影，我們就決定花更多心力來辦這場對我們來說意義重大的活動，目的就是希望能與您效仿學習、舉辦一場好活動，在這裡誠摯邀請您與我們一同參加 8/8（星期六）的《手搖熱音》成發！

屏中　陳虹君

枋寮　陳苾庭

屏世　鄭霈蓁

屏中　陳冠宇

大同　范夢宇
柯欣宜

東港　邱照元

屏北　程俐亞

全體

屏東七校聯合熱音成發社員敬上

學生常會寫信給安安阿伯。

劉美淑說，每年年底會請孩子們到縣長公館一起吃飯聊天，
剛開始縣長與這些孩子們有些距離，他常常只會傻笑，拚命
招呼大小孩子們多吃點，氣氛有點卡卡，後來，社工員安排
了桌遊來暖場，孩子們會教縣長怎麼玩，玩著玩著就拉近了
距離，很快就熱絡起來，然後又跟著孩子們玩起自拍，氣氛
馬上就 HI 起來。

有一回，一位孩子趕著赴會卻在途中出車禍，摔斷了牙齒，
縣長專程到她家中探視，還包了一個紅包讓她壓驚。另一個
孩子念的是設計系，縣長每月的助學金正好能讓他添購材料
或書籍費，畢業後，他拿到設計賽事新人獎，還專程回來謝
謝縣長。

劉美淑說，縣長顧及孩子們的隱私和自尊，始終利用私人時
間與個人費用來支應，不喜歡曝光或掛在嘴邊，所以只有極
少數負責的同事知道這件事，因為這些孩子慢慢長大，大都
已經獨立，才將這個故事分享出來。

我的心內話：

沒錯，我有了 10 幾個小孩，從國小到高中都有。

原本就固定認養孩童，加上上任後，身為地方首長，除了在
社福個案中，當少數特殊境遇孩子的法定代理人外，後來又
陸續資助學童助學金，一下子就組成了龐大的潘氏一家。

每年農曆春節前，正值孩子們放假或回屏東，我總會安排一

次圍爐，邀請孩子們一起聊聊天，看看他們的狀況，畢竟相處時間不多，剛開始，用餐時大家都很客氣，我也不知道該如何打破這種氣氛，好在，與會的副縣長或社會處處長發揮了媽媽特質，對孩子們噓寒問暖，聊著聊著也就聊開了，最後拍照的時候，已經可以相互開玩笑。

平時，孩子們都是叫我阿伯，每逢年節也會寫信、寫卡片給我，即使無法像一般家庭般親密，但，月月年年下來，看著孩子們的成長，心中有點小小的驕傲，聽到他們出社會工作，或是參賽得獎，我與有榮焉，這大概就是當爸爸的感覺吧？！

學生常會寫信給安安阿伯。

會咬人的阿伯

第三部

當下

194

「下課後，我們常會騎車去虎頭山摘野生芭樂，有一回，有個同伴被蜂叮，當時大家都很緊張，突然想到大人曾經提過，尿可以解毒，當時孟安二話不說，立刻朝同伴頭上撒了一泡尿，長大後知道是錯誤做法，但卻是難忘的童年回憶。」國小、國中都是同班同學的林嘉麒，提起歷歷在目的兒時趣事。

林嘉麒說，以前玩的方式很多，天氣熱，就會到當年的海口玩水，肚子餓了就會捉魚、烘蛋或烤番薯，當時，最常去的地方是海口沙漠，當時孟安還給這個地方取了一個「夢之灣」的美名，只是隨著落山風的吹拂，這處童年最常去的據點的地形與地貌早已不在。

有一回，一群孩子到停工的瓊麻廠排水口玩水，個子高的幾個大孩子先跳下去，在一旁看熱鬧的林嘉麒發現孟安竟然大膽跟著跳，沒想到水太深，吃了不少水，好在附近正好有大人看狀況不對，立刻跳下去把人撈上來，有驚無險地逃過一劫。

我的心內話：

坦白說，從小我就調皮搗蛋，這個性格改都改不了。

進入社會後，看到孩子就特別開心，總會忍不住捏一下臉，摸一下頭，逗弄一下，孩子多半笑呵呵地躲開，沒想到，曾經有一次遇到立委李昆澤的小女兒，她很有禮貌地叫我一聲「阿伯」，我忘情的輕咬一下她的小手，沒想到力道沒控制好，咬得太大力，小女孩一直哭，後來每次見面，她總是會叫我「會咬人的阿伯」，成為我另外一個少人知道的稱謂。

不過，帶頭玩是我的強項，所以我在屏東全面推動共融公園，讓各地擁有童心者，能在擁有地方特色的遊戲場樂翻天。每次開幕前都會一去再去，因為我有正當理由可以返老還童，以檢測之名，堂而皇之地去溜滑梯、盪鞦韆、打水仗，有時遇到孩子們熱情抱緊處理，我差點招架不住。

有一回我去和平公園特色遊戲場，本想說幫孩子試溜一下，結果後面一群小朋友對著我喊，「縣長阿伯不要卡住餒，不然全世界等你一個人喔！」我只能說，童言無忌。好險，我身材剛剛好，滑梯設計也好好，順利通過溜下來，卡在中間鐵定被孩子們「噹」到鑽到地底。

我是屏東的囝仔頭王。

除了主張兒童表意權外，針對身障者與長者的無障礙設施，
還有節能環保、地方特色、族群文化等各種設施，各藏貓膩。

共融公園是縣府各局處之事，各自認養公園，透過副縣長的
召集，原本平時的單位有了交集，竟激盪出難以想像的火
花，每一座共融公園都是從屏東的土地長出來的，絕對獨一
無二，且有在地的氣息與風味。

我是囝仔頭王。

PETER PA

我怕窮，

這些年，屏東在台灣的曝光率大增，討論度也變多，就連屏東大撒錢辦活動的質疑聲浪也沒斷過，若以結果論，屏東縣縣庫不減反增，除清了不少舊債，社福機構、藝文館舍、公園綠地，欠缺多年的基礎建設一座座拔地而起，甚至接連舉辦多場國際級的藝文活動，讓屏東的藝術如春風，吹過各個角落，屏東就此成為一種品牌。

錢非萬能，沒有錢卻是萬萬不能。到底屏東經費從何而來？是否賣地變現，債留子孫？就讓屏東縣政 CEO 潘孟安自己來說分明。

N'S ⬡ DNA

——沒錢，就是要拚

更要賺錢。

沒錯，
我就是愛斤斤計較
●　●　●　●

「屏東很有錢吼？這幾年精彩的活動更是一場接一場，請的都是超級大咖，到底屏東哪來這麼多錢，應該是把屏東縣政府所有的土地都賣光了吧」、「正經事不做，經常在搞活動？拚命燒錢，這些錢拿來造橋鋪路不好嗎？分明就是官商勾結，圖利財團……」，這些流言蜚語在網路流傳，網路鍵盤俠發揮了無比的想像力，加油添醋，大做文章。

但，走進屏東縣政府的大門，在各個大小會議裡，最常出現的對話是，「預算就這麼多，只能做到這種程度」、「巧婦難為無米炊」。

關於花錢這件事，外人霧裡看花，各自站在自己角度推論、想像、臆測，但，究竟錢從哪來？是否又花在刀口上？人人看法不同，屏東縣政府稅務局局長程俊提出報表，讓數字來說話，縣政府這幾年還了多少錢，真實反映在數字上，是一翻兩瞪眼的事實。

將縣府財政從赤字轉正的核心關鍵，是縣長潘孟安提出的大水庫理論，衝破了僵化的圍牆，讓屏東的財政起了變化。

程俊說，公部門所屬單位，會因應業務需求，設置不同的基金，帳戶內留有不同程度的資金，而這些資金多屬於短期內

不會使用，平時放在公庫裡生利息，但，另一方面，縣府卻花更高利息舉債來支應各種開支。

於是，縣長要求盤點所有的資金，透過大水庫理論，在兼顧情、理、法的準則下，統一調度資金，先用帳戶原有存款還掉一些債務，光是這個動作就可以省下不少利息錢，屏東縣款就這樣一點一滴攢下來。

我的心內話：

「一分錢能逼死英雄好漢」，攤開帳本，嚴重的財政赤字是我上任就須面對的難題。

現有財政收支劃分法的統籌分配稅款運用，對於高齡化的農漁縣市並不公平，種種內外在因素影響，讓屏東財政狀況日趨惡化，我接手後，首先要面對的就是財政問題，因為各種補助款多用在人事費，若沒有活水，各項建設無以為繼。

面對龐大的財政赤字與自主財源短缺的歷史共業，我既然選擇承擔，就無法迴避。

在大家眼中的我似乎很豪氣，但，我可不是屏東的敗家子，尤其用的可是納稅人的血汗錢部分，我除了把一塊錢當三塊或五塊來用，更統整各項資金統籌運用，以發揮最大效益。

始終，把錢花在刀口上，且將效益極大化，就是我的理財基本核心理念。在財政困窘的狀態下，量入為出是必然，舉凡

不必要的開銷、應酬、損耗全都砍，一元若僅是花了沒效，連這一塊錢我都要省，但，不該花的錢，一毛都不能用，疊床架屋的行政作為一律簡化、單一化，但，若一萬塊能發揮數倍效益，就算金額高還是得去籌措。

在第一任縣長的任期內，我堅持不再舉債，重新建立屏東的財政紀律，將屏東縣府短期債務由一〇三年度的 88·61 億元，在 3 年半的時間內全部還清；而長期債務也由 190.22 億元，降至 174.15 億元，合計減債達 104.68 億元，且歲入也連續四年大於歲出，決算賸餘為正，是全台年年正成長的唯一縣市。

縣府團隊運用創新策略調整收支，落實節流、嚴審預算及強化經費執行效益、靈活調度縣庫現金流量，大幅降低短債，節省債息，短短不到幾年，就讓屏東財政擺脫「葉克膜」。

「減債不增債，建設不等待」，我們以不舉新債還舊債為核心，運用財政策略持續推動各項建設及活動，7 年來長期債務由 190.22 億元降為 103.6 億元，短期債則全數歸零，共計減債 175.23 億。

在開源的部分，我在國會擔任幹事長，熟稔每個部會的預算、財務協商，知道哪裡有資源，所以經常帶領團隊規劃建設，爭取中央的統籌分配稅款，獲得計畫型及一般型補助。

開源節流齊頭並進，打開原本的死結，更因為減債有成，我們有了餘裕照顧縣民，尤其在疫情間，百工百業受到劇烈影響，縣府開辦相關的紓困措施，包括受到疫情衝擊的弱勢者加發生活補助急難紓困金、孩童家庭防疫補貼、受影響之照

錢要花在刀口上，疫情期間屏東發行屏東券。

顧服務機構及人員等，大家攜手共度難關。

屏東財政這筆帳，不是用嘴巴說，最簡單就是攤開帳本，明
明白白讓大家看見屏東的帳簿，8 年下來，縣府還了債，土
地沒賣，活動照辦，眼見為憑。

下一站，
廁所

屏菸 1936 文化基地啟用前，縣長多次實勘廠區，從動線指引、無障礙空間、照明、雙語或多語解說，逐一叮囑，但，最後一站常常是廁所。文化處處長吳明榮說，縣長非常注意細節，廁所就是要親自確保是否有疏漏的地方。

一位來自嘉義的輪椅族說，已經來屏東好幾趟，從燈會、圖書館到勝利星村，下屏東的無障礙空間做得好，讓她們可以安心在這裡活動，所以一玩就上癮，下一回要揪團來去菸廠逛逛。

屏東縣政府各局處都清楚，每次重大建設開跑前，縣長都會前往實勘，不論學校、館舍、公園，廁所是絕對不能忽視的一關，因為縣長一定會去檢查，誰也不敢掉以輕心。

我的心內話：

「廁所在哪？」舉凡燈會、設計展、全中運、菸葉廠……，每次的檢視，我總會要求去廁所看一下，並不是膀胱無力，而是魔鬼藏在細節裡，我相信，如果連廁所都能處理好，其他地方多半就沒什麼大問題。

小黃公車成為偏遠地區長者的代步工具。

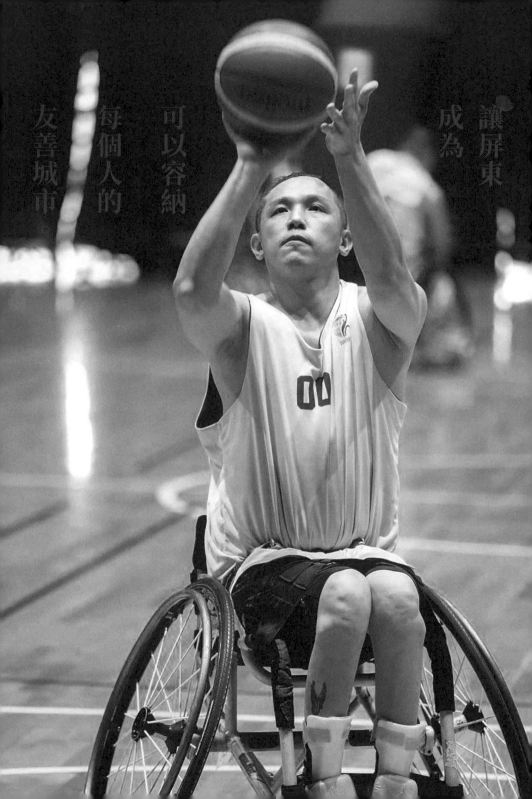

讓屏東成為可以容納每個人的友善城市。

除了廁所外，無障礙空間是另一個重點，從地磚、扶手、出入口、室內出入口、室內通路走廊、樓梯、升降設備、廁所盥洗室、浴室、輪椅……，務必得要確保輪椅族的活動空間，就是要讓長輩或是身心障礙者都能暢行無阻。

我想讓屏東成為一個友善環境，透過廁所、遊具、載具等硬體改善，並提供旅遊、運動、復康巴士等專車，讓輪椅族可以安心走出家門，參與各種戶外活動，不再只是呆坐家裡看天花板。

目前屏東已有 102 輛復康巴士，含旅遊復康巴士 2 輛，除了六都外，是復康巴士唯一破百輛的縣市。每年約接送 13 萬人次身心障礙者往來就醫、上學、上班、洽公及旅遊，一年復康巴士服務里程數可繞整個台灣 2,743 圈。

此外，屏東先後成立了身心障礙者的桌球隊、籃球隊、壘球隊等隊伍，就是希望燃起身心障礙者的運動魂，讓屏東成為可以容納每個人的友善城市。

雖然巡視行程往廁所跑，這麼多人在旁邊看，我怎麼可能上得出來，加油站的廁所才是我最常「解放」的地方，下一回，在廁所巧遇，我們會心一笑就好喔！

解密,
超強的記憶術
· · ·

施政總報告現場,就是不念稿。

晚上 8 點，縣長室的防疫會議仍在開著，原本的縣府三長會議順延 4 個小時，不知道幾點能開成，縣長室秘書王品晴耳朵聽著疫情會議，手裡回覆老闆的深夜行程，LINE 跳出的對話框，「明天議會要做施政總報告，所以今天會讓縣長早點休息」，所謂早點休息這件事，大概也是過了凌晨。

眼看連睡覺時間都不夠，哪有時間讀桌上厚厚的一疊施政報告，「沒問題吧？」王品晴一派輕鬆地說，「老闆上場就能倒背如流，沒問題的」。

縣政府研考處處長黃國榮說，近年為縣長準備資料，已跳脫傳統的局處業務思維，是以主題式的方式彙整各局處業務，通常前一晚跟縣長報告半個小時，就放在桌上讓他參考，隔天一早，就能聽他在縣議會滔滔不絕的報告施政內容，「只能說，縣長的彙整力真的很強」。

反倒是待辦工作太多，根本記不住，王品晴說，只要縣長從口袋掏出小紙片，就知道又有一連串的工作要忙了。

我的心內話：

關於在議會施政總報告的超強記憶力這件事，其實大家誤會了。

2015 年 5 月底，傍晚有個媒體突然要來採訪關於施政總報告這件事，剛開始一頭霧水，我只是將屏東縣政推動的進度，向全民及縣議員報告，不知哪出了問題，後來，媒體直

問我是不是有什麼技巧或訣竅，我只能乾笑，沒考慮過背稿、大字報或小抄的問題。

第一次參加縣議會的施政總報告，我像是新生報告，事前特別與幕僚討論了架構，上場前再複習一次，就直接上陣了，坦白說，幾百頁的內容要叫我背，我還真是背不來，也根本沒時間背，所以面對記者的詢問，一時間，還真是詞窮，不知道該怎麼說才好。

我記得念書時，有位老師說，臨時抱佛腳，強記硬背轉身就忘掉，但，若是天天讀時時看，想忘記都難，我大概就是屬於這個類型。坦白講，從小愈背成績愈差，但為了考試能過關，反而用理解的方式，自己先消化，弄懂了也就忘不掉。

外來的資料才需要背，我只是按照我腦海裡的邏輯提出而已，哪裡需要背，與記憶強不強根本是兩回事。8 年來，全程參與各局處的業務，時常找各局處開會緊盯進度，所以重點都在大腦記憶體自動建檔，各種業務的進度、數字自然而然記在腦裡。

所以只要看到各局處首長，腦中自然浮出各種業務現況，從縣府財政債務、污染防治、前瞻計畫、汛期準備、交通、長照醫療、河川整治、教育文化、招商等範圍，事件、時間、地點、期程等細節，可以絲毫不差的呈報議會⋯⋯。

但，對我最頭痛的是，一口氣說了 50 分鐘的話，還真會口乾舌燥，聲音有些沙啞，說起話卡卡的。

反倒是很多同仁報告的數字與前一回的數字兜不上，我會反

射性再問一回，久而久之，同事們對於這部分會上緊發條，即使在小細節上，尤其是數據的部分，比較不容易有差錯了。

其實，我有個秘密武器就是小抄，不過抄下來的不是答案，而是滿滿待解的問題和待辦的事。

由於行政事務眾多，在間不容髮的疲勞轟炸下，我的腦筋開始短路，以前總是會想到就打電話，有不少同事會在凌晨收到電話，同事大呼吃不消，我深切檢討後，不能再繼續壓榨同事，所以改成寫小抄，有時，躺到床上也會突然彈跳起來，趕緊記下腦中突然浮現的事情，以免隔天起來又忘了。

所以我的辦公桌、宿舍桌上、臥室的茶几，只要是我經常停留的地方，必定會有鉛筆與便條紙，以備不時之需，畢竟年紀愈大，記憶力已經大不如前，只能依靠小抄。

在民代監督下，讓明天的屏東會更好！

燈火總亮著的縣長室

• • •

每天下午5點半過後，縣長室特別熱鬧，各局處首長、科長、承辦人員擠在縣長室的候客區，聊天打發時間，這位臨時約訪的來賓推開門，發現門外一堆人等著，回頭私下打探，為何早過了下班時間，大家都還在縣長室，後來才發現，竟然因為自己臨時造訪，打亂了原先密密麻麻的行程，讓原本塞車的情況更加嚴重，他頻頻說「歹勢，下一回不敢了」。

縣長室內的工作團隊各司其職，尤其，提早上班及延後下班已成常態，所以同仁還自發性的排班，早七晚七，至少有人來得遞茶送水，就是不能關門，因為第三間縣長辦公室燈火正亮，永遠不知道何時會熄燈。

進入縣長個人辦公空間，一側是接見沙發區，另一側是大長桌，縣府人員都知道，屏東縣長的個人辦公桌形同虛設，因他從不坐在大椅上，屏縣的大小事都是在那一張長長的會議桌拍板，辦公室主任鄭文智說，一開始，為了方便移動，長桌配的是板凳，只是一個接一個會議，幕僚們背痠得受不了，才偷偷換成有靠背的椅子。

負責登錄縣長行程的玉珍姐搖搖頭說，縣長的時間通常是以半小時為單位切割，而且中間完全沒有轉銜的空檔，事情永遠談不完，所以常是一個會議拖過一個會議，最後下班時間

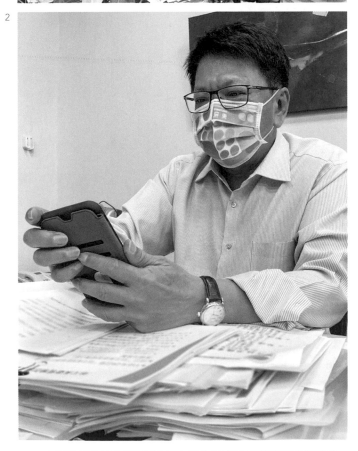

1. 與縣府同仁密集的開會研討。 2. 辦公桌上總是堆滿各種計畫案與資料。

已過，依舊有一堆人在外頭等著。

玉珍姐說，「只要老闆上班，從來沒有準時下班這種事，只有比晚，很晚、特別晚或非常晚，大家都習以為常」，即使老闆北上開會，照樣交辦一堆工作，運氣好的話，大概能趕上晚餐時間前走人。

對於行事曆沒有紅字的潘孟安而言，根本不知道什麼叫做下班？而是一個不停換地點辦公的工作狂。

我的心內話：

看不出來吧，我是龜毛又追求秩序的人。

每次開完會後，團隊一哄而散，我只要瞄了地上有碎屑，嘴巴就會止不住碎念，若不彎腰撿乾淨，心裡就不舒服，就像是眼睛裡容不下細沙。

宿舍的小客廳上，充電器、便條紙、維他命、衛生紙、指甲刀……各種小物規規矩矩的排放著，在吃便當前的空檔，會把握一二分鐘的空檔，拿起指甲剪和一張白紙，迅速將指甲修得乾乾淨淨，我對修指甲這件事挺講究，只要指甲長長了，會把握吃便當前的幾分鐘迅速修剪完畢，順道將每個位置喬正擺好。

偶爾回到老家裡，看到東西沒歸位，就像老媽媽似的，就會叨念著姪子、姪女東西亂擺，我就是不喜歡亂七八糟的。

天天都是工作天。

唯一的例外，是平日辦公的大長桌，堆滿各種簡報資料，我清楚每一張隨手筆記和簡報順序，常常會議討論到一半，要用到前幾週的筆記，幕僚怎麼都找不到，我自己三兩下就翻出來，但只要有人動過，就再也回不去了，同事為了避免掃到颱風尾，放任我的文件山一天天長大，直到快崩塌前，我就會默默清理，然後，然後，文件山又從平地起，日復一日，年復一年……。

我的青春黑髮
一去不回

- - - -

提著專業的美髮設計師工作箱,弟哥又來「修理」縣長了。

潘孟安有位專屬美髮師,只要頭髮不聽話,或是鬢角白髮冒出頭,在某一個休假日或深夜,就是弟哥上場時間。

縣府團隊臥虎藏龍,什麼高手都有,其中,有位秘書弟哥,在加入團隊前,曾經開過髮廊,從立委時期就幫潘孟安打理門面,為了把握時間,常常邊開會邊剪頭髮,成為長期打理潘孟安的專屬美髮師。

弟哥說,歲月是否催人老,問頭髮就知道,他低聲說,以前老闆的頭髮多又黑,通常利用週末服務時間結束後整理,三兩下就 OK,這些年,尤其是進入縣政府後,頭髮白得很快,白頭髮的數量也大增,為了讓他看起來精神些,會一道進行染髮,染髮加剪髮,一來一回至少得 2 小時。

不過,縣長忙到連吃飯時間都沒有,理髮時間愈拖愈晚,最後得等到深夜,有時,一面和幕僚討論工作,一面剪髮、染髮,等到染髮劑定色後,再上樓去洗頭髮順便沖個澡,下來繼續開會。

不過,看過染髮畫面的幕僚都覺得超搞笑,三更半夜,老闆

紅色鋼鐵人

第三部

當下

216

圍著白色圍巾，低頭讓弟哥染髮，因為頭癢抓破皮，上染髮劑會痛，前一秒叫痛，下一秒又回到討論議題，讓人不禁問，真的不能好好地整理一下頭髮，回頭再來工作嗎？

我的心內話：

莫拉克風災期間，身邊朋友發現我一頭白髮，以為突然長出來的，這個時間點也成為我的頭髮黑與白的分界。其實我對於造型真的不太在意，尤其我的頭大，一般正常尺寸的帽子都戴不太下，所以也沒什麼可變化，我最大的需求就是清爽俐落，起床時頭髮不會亂翹就好。

只是有時頭皮癢，手抓破了頭皮，一染髮，藥水刺激到頭皮，立刻有刺痛感，身披剪髮圍巾，低著頭，只能哎哎叫，我用餘光瞄到，一旁開會的團隊們想笑又不好意思笑，真是有幾隻烏鴉飛過去的感覺。

不過，在二十啷噹歲，可能是腎上腺作祟，竟然曾去燙了爆炸頭，當時又在北國經商，穿上大衣，乍看以為戴了一頂毛帽，回家時，阿母嚇了一大跳，後來姪女看了不敢置信，連問數次，「叔叔，這真的是你嗎？」

哎呀，人不輕狂枉少年，是說，現在想起來，還挺佩服自己年輕時的勇氣，歲月真是一把殺豬刀阿。

PETER PA

我怕錯，

過去，在公務機構裡，常奉行「不做不錯」準則，長久以來的畫地自限，那條隱形的線步步逼近，讓公務員可發揮的空間愈來愈小，潘孟安奮力打破框架，鼓勵團隊勇敢去嘗試，不怕做錯，只怕不做，只要保有一顆勇於接受挑戰的心，就有前進的可能。

N'S ⬡ ● DNA

——工作，就是要做

怕不做。

我的字典裡沒有
「熬夜」二個字

連參加活動也得喝一口咖啡提神。

縣長潘孟安的隨行秘書王品晴，原本是個早睡早起的乖寶寶，過了上床時間，就會忍不住打瞌睡，自從到縣府工作，短短數年，生理時鐘向後調，從晚上 9 點後推到 12 點，有時會開會開到凌晨，隔天上午 8 點又要嗡嗡嗡，燈會期間，他回到家，正好遇到阿嬤要出門農作，媽媽則說，兒子晚歸早出，常常得要參加縣府主辦的活動，才能看到兒子聊幾句。

但在王品晴眼中，「老闆才是廣告裡那隻裝了不斷電電池的兔子，從白天到深夜，團隊成員的電力逐漸耗弱，老闆過了深夜 12 點，突然像是電腦重開機，整個人又活過來，我們只好用牙籤撐起下墜的眼皮，開始拚命眨眼……」

自立委擔任助理至今，現任研考處處長的黃國榮搖搖頭地說，10 幾年下來，已慢慢習慣夜以繼日的作業模式，新進幕僚只要操個幾年，就能熟悉這種高強度與高壓力的戰鬥模式。

縣長室主任鄭文智說，因為孩子小，平常週一到週五沒日沒夜，但，一到週末老闆就會放我一馬，讓我盡一下當爸爸的義務。

有一回，團隊到日本參加東京食品展，推廣屏東的農特產品，行程是晚去早回，隔天大夥等不到人，原來他竟然病到，下不了床，用藥後，整整昏睡一日，飯店特別備了一碗熱粥，隔天又開始追趕前一天行程跑不停。

長期睡眠嚴重不足，負責 morning call 的隨行秘書，對於這項重責大任，力道由小變大，直到聽見老闆從喉頭發出一聲「喔」，才能停手，過了片刻，睡了幾個小時的老闆雙眼浮

不只喝咖啡，連咖啡果我都試吃。

腫，頭髮亂竄的簡單洗刷，又開始新的一天。

我的心內話：

我的字典裡沒有熬夜，這麼多年來，都是 24 小時處於開機狀態，沒有下班時間，當然沒有所謂的熬夜。但，坦白講，早上起床真的是很痛苦，尤其是濕冷的冬天，有時得到部落或離島，張開眼，看到天還是暗的，真的很想把自己關在房間裡，但，敲門聲愈來愈大，只好心不甘情不願的起來，畢竟，這條路是我自己選的，又沒人逼我。

上了車，打開保溫瓶，喝了杯熱咖啡，回回神，半小時後，又是一尾活龍，滿臉笑容地進入會場，又開始新的一天。

就連鐵打的身體都頻頻發出抗議，身邊的親友總是問，為什麼要拚成這樣，原因很簡單，屏東沒時間再等下去，我必須追趕進度才行。」

方便
通電話嗎……

● ● ●

「罵得愈兇愈是自己人」，這句話是潘孟安幕僚團隊的金句，一種阿Q式的自我安慰或相互取暖的一句話，通常老闆交辦的事情未達標，推門進去前總要深呼吸，得把皮繃緊一點。

一位秘書私下說，「老闆對朋友或選民都超級好，我寧願當他的朋友也不想當部屬」。就像海軍陸戰隊成員必經的天堂路，這個鋼鐵團隊無時無刻會有震撼教育，就連跟了20年的元老，照樣會挨刮，團隊坦言，當下心裡真的是OOXX，但，通常事過後，老闆就會放低姿態的私下示好，「我必須嚴以律己，當然先罵自己人。

這樣的震撼訓練在不同幕僚身上上演，但，團隊卻有極強的內聚力，因為大家都清楚老闆的難處，他對自己都這麼嚴格，作為部屬也只能把苦水往肚裡吞。

除了暴烈的脾氣，老闆總是24小時工作，深夜常常發訊息給同事，「我知道已經很晚了，但是……」北辦主任陳學玲觀察，這幾年擔任首長後，老闆脾氣收斂很多，不管夜深或假日，依舊會突如其來的交辦工作，只要聽到了那一句「但是……」就知道又得上工，他的急性子終究難以壓過瞬間的猶豫，陳學玲說，在那句「但是」裡頭，他應該有一絲絲愧

疚吧？！

另一項進步指標是，過了深夜 12 點之後，老闆會在打電話前，已經學會發個訊息，「方便通話嗎？」，只是，還來不及回覆，電話就直接來了，至於凌晨 2、3 點的 LINE，早已是鋼鐵團隊的日常……。

就連副縣長也難逃魔掌，吳麗雪說，剛開始接下這個重任時，縣長承諾絕不會下班找她開會，當時就不懂，為什麼下班要開會，後來才知道，團隊是沒有日夜或上下班之分，後來，看著大家太辛苦，她主動請命，有必要可以分擔開會的工作，對於自己送上門的好意，縣長當然樂於接受，就此，深夜慢慢會接到「你睡了嗎？」的訊息，不知不覺加入這個不斷電的鋼鐵團隊行列。

我的心內話：

關於我的急性子，我無從辯解，只能說「我錯了，我的修養不夠，我會慢慢改」。

1

2

只要跟我工作過的人都知道，我的「歹面」是留給自己人的，常常，一急起來，就會對團隊不假辭色，到頭來，他們會以「聲音愈大愈是自己人」來自我調侃，不過我真的有在反省與修正，這幾年脾氣應該有稍微收斂點了吧？

過去，捻香完到家常過午夜，停下來，再開始聯絡事情，所以同事們，尤其是核心團隊在深夜後接到電話早已稀鬆平常，當我察覺這樣實在太壓榨同事後，慢慢開始改進，在深夜發 LINE 怕會吵到同事入睡，最後，我盡可能把事情寫在小抄，以免忘記，隔天一早再安排。

我坦言，自己真是一個不及格的老闆，被員工慣壞的老闆，我去面壁三分鐘，請給我時間，我會慢～慢～改……，但，我不能沒有大家。

1. 進入宿舍客廳的反射動作就是開電視，了解各地最新資訊。
2. 歹勢啦，我真的知道我錯了，別跟我計較啦。

超強的
行銷魔人

「這是為了行銷屏東」，這句話是屏東縣政府小編的免死金牌，只要說了這句話，多半能讓老闆乖乖配合。

屏東縣政府的小編在全台公體系的小編圈頗具知名度，沒有太多經費，基本成員是文字、攝影加設計各一名，靠著敏感度、時事哏、反應快，深受潘粉們的好評，在小編爆肝賣命下，潘孟安不知不覺成為外界口中的「行銷魔人」。

身兼小組長的王品晴說，剛開始，老闆會抗拒各種太新潮或太跳 tone 的概念，在不斷的洗腦下，各式各樣的角色，不論扮醜、搞笑、賣萌都可以，雖然老闆嘴裡總是碎念「都這個年紀了，還在拍這些」，但，只要是為了行銷，他最後都會「撩落去」。

王品晴透露，燈會期間，老闆有次曾在開會時脫口說出「我屏東，我驕傲」這句話，他突發奇想的摘錄到臉書，並用「＃」做成標語。原本縣長有些擔心「這句話會不會太臭屁？」沒想到露出後效果出奇的好，網友大推、接力分享，最後成了燈會閉幕演講的重點。

如今縣府的公開活動，常有民眾要求一起呼喊這句精神標語，幾乎成了在地人的共同口號。

不過,多半時間,小編們還是處在第十九層的地底,尤其是老闆的耐性難持久,拍攝時間拉太長,烏雲立刻飄過來,不過,有一回發覺老闆看到動物主題的歡樂影片,竟然控制不住的狂笑,所以,若要拍攝一系列圖卡時,就會準備這類秘密武器,「有了歡樂片,拍片就歡樂」。

平常很少吃螺絲的老闆,常常一次就 OK,但在灌錄疫情資訊格外慎重,難得看讀稿機,反而不斷吃螺絲,然後不停地罵自己「笨」,這時候絕對不能急,只要讓他找到自己的節奏,很快就能一次 OK。

我的心內話:

我對網路社群其實並不陌生,早在 2008 年便開始設立臉書帳號,自己貼文、回留言,是國內最早經營社群平台的政治人物之一,但多半時間都像鯨魚一樣潛在水底。

近幾年網路影像盛行,其實我是個嚴肅的人,又忙於工作,突然要在鏡頭前賣萌、耍寶、裝酷,有時覺得很難受,就會

直接跟同事說，真的有必要這麼做嗎？好好把事情做好還不夠嗎？但在小編們的半哄騙下，扮演了不同角色。

我印象深刻的拍攝，是為了發行專屬 LINE 的表情圖，小編們知道這是一場艱困的拍攝，準備了二姊的 CD 及一堆搞笑影片，讓我暖身且進入狀況後，就開始要求我做出比愛心、嘟嘴等動作，好不容易結束拍攝，我再也忍不住嘀咕說：「都是你們這些人，害我犧牲色相。」

不過年輕人收到了我的 LINE 賴貼圖，竟然說有一種「反差萌」，甚至不少局處長收到「討論一下」、「進度如何？」的表情包，竟然說「很有感」，聽到這些反饋，讓我開始不認識自己了。

有一回，為了跟上全球火熱的「真人開箱」，小編策劃了縣政裝備大開箱，讓我躺在雨衣、雨鞋加拖鞋、飛輪、賽格威，還有原住民背心和各種公文等中，原以為一切完美，沒想到幕僚突然遞來一個熊大抱枕，竟然是要遮掩我的大肚腩，最後留下 3 張不同動作的照片，無論是側著拍或躺著拍，肚子上的熊大抱枕意外成為亮點。

一回生，二回熟，為了推屏東小吃，清明節的「九倍大、巨無霸屏東味春捲，你吃過嗎？」我隨興擺出「灑鹽哥」的姿勢，甚至對超大春捲來了個嬰兒抱，愈演愈有心得，不知不覺演員開始上身。

現在我對數位科技不再陌生，看到身邊有些 LKK 不會加LINE，我主動拿過手機幫忙，「唉呦，真假？」，三兩下就搞定，適度的刺激總會有進步。

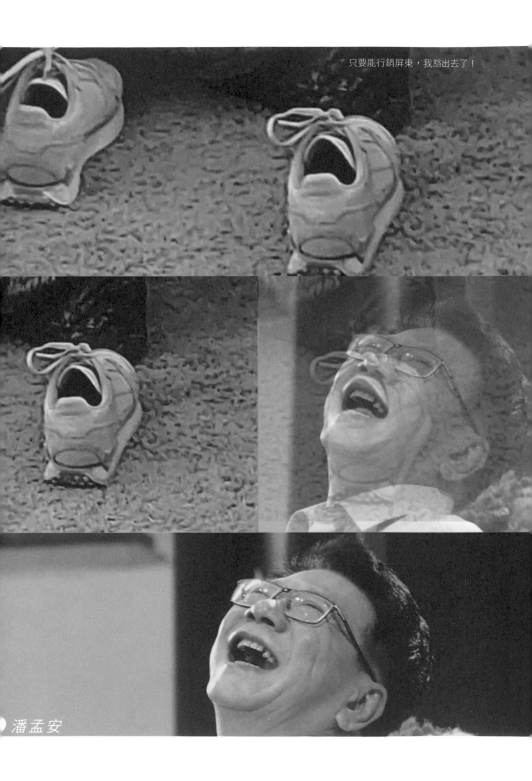

只要能行銷屏東，我豁出去了！

潘孟安

我是最好的背景！

這幾年只要有空檔，即使我沒時間回應每封留言，但在吃便當、車上甚或上廁所，只要有零碎空檔就會忍不住滑一下，已經是標準的低頭族。

我明白數位時代，網路宣傳對屏東行銷有很大助益，即使不見得喜歡，但卻必須做好，因為這不只是我的臉書，也是屬於屏東的平台，如同一本屏東的電子雜誌，透過無遠弗屆的臉書，可以將屏東的美好事物和治理成績傳達出去。

不過，如果時間可以回到從前，我還是覺得自己比較適合活在新石器時代的巢穴裡。

第一次自拍
就上手
• • •

如果有一雙眼睛，始終緊追縣長潘孟安不放，那就是攝影師阿東，他陪伴縣長快 5 年，始終維持在一定的距離觀察這個獅子座的老闆，早就能精準掌握這頭猛獅的小動作，可以在對的時間按下快門。

在阿東眼中的縣長，是很有群眾魅力的大叔，很會帶動大家的情緒，好拍又上相，只是面對一些沒有擺過的姿勢，他會反射性的半傾著頭，搔一下臉的說，「安內甘好」，最後多半會接受團隊的擺布。

在阿東眼中，老闆還有個很迷人的點，就是會主動幫忙留意周邊狀態，「有一回他和長輩合影，發現有一名長者拿著日文小抄，還會主動 cue 我去拍」。

日子久了，彼此已有類似投手跟捕手般的默契，也能懂得彼此的暗號，只要調整好狀態，一個眼神即可，不必倒數 3、2、1，一次就能 OK。

只是自從縣長學會自拍後，他開始跟攝影師搶飯碗，主動幫大家拍照，但，偶爾凸槌按錯鍵時，愛面子的獅子就會自己碎念「不是啦，我會用啦」。

除了鏡頭下的潘孟安，攝影師也看出這頭猛獅的柔情，每每遇到市井小民要求合照，只要時間允許，他都會耐著性子配合，「這時候他會叫我用對方的手機或加 LINE，讓對方順利拿到照片」。因為，這張照片對於同框者而言是珍貴的，此外，遇到身心障礙者合影，他會一直偷瞄被拍者的狀況，擔心比 ya 的動作是否太困難，也會示意我多留意。

擅長觀察的阿東說，性急的老闆最不能忍受的是麥克風出包或頒獎順序出差錯，常會當場發作，若主持人漏念該上台的來賓名單，他直接當起場控，拿起麥克風來調度，有時候口氣太兇，常讓第一線人員嚇破膽，他察覺，這頭猛獅會以不同方式來彌補與示好，會問出包同仁，「你要我站在哪邊？」、「有幾場做的不錯」試圖安撫對方情緒，讓人好氣又好笑。

我的心內話：

對我而言，做事不難，最難的一件事反而是直播，因為我向來有話直說，上政論節目可以侃侃而談，但，就是沒辦法像網紅一樣，自己坐在鏡頭前自言自語，光是想就很恐慌，我不習慣這樣，所以剛開始小編們要求我直播，我抵死不從，沒想到最後還是被設計了。

台灣燈會在屏東的舉辦期間，小編們說什麼「眼球時代來臨」，希望說服我在網路直播，啪啦啪啦講一堆，很像沒跟上就落伍了。

進入公體系後，制度與規矩都多，把政治人物框得比較緊，

言行舉止不能失掉政治工作者應有的分寸，但隨著時代的轉變，溝通方式變得更活潑與即時，必須真實地去跟大眾接觸與互動，反而更能拉近彼此距離，歷經一番心理建設後，才勉強答應直播。

生平第一次開直播，剛從縣府回到宿舍，洗了戰鬥澡後，頭髮還沒吹乾，原本以為只有上半身，穿著家居短褲就開錄，果然，一上台就不打自招，自己騎行動服務車時不小心傷了腳，刮掉一層皮的糗事，一時之間沒有多想，竟在螢幕前「露大腿」

此個動作讓幕僚嚇到心跳幾乎停止，沒想到，最後竟然因為「神來一腿」，製造了意想不到的笑果，「縣長完全沒有偶包」、「腿很白」，竟然引來了 1.5 萬則留言。

尤其是聊開後，就連累到沒力氣洗澡，倒頭就睡的糗事，不知不覺坦白，這些脫稿的直白言語，把自己的底都掀光了，許久不見的老朋友為了這句話一直虧我，「你幾天沒洗澡了？」。

不過，網紅其實是很專業的行業，我偶爾客串一下還可以，專心投入縣政才是「正版的」。

1. 我的自拍技術有改善，只是大家突然撲上來，我沒有準備啦。
2. 我會自拍了！

最硬斗的考察

很多人以為公務員出國考察就是出門吃喝玩樂，爽賺一趟出國旅遊，但在屏東縣政府可沒這麼好康，尤其是縣長室將出差或出國視為苦差事，隨行秘書自嘲，出國就像年輕時當兵，就怕抽到「金馬獎」，屏東縣政府縣長室主任鄭文智苦笑說，這種苦差事是照輪的，通常遠地長時間的出差，就會推派年輕力壯的秘書隨行。

鄭文智說，在屏東隨行就已夠累了，出國的行程密密麻麻，從早操到晚，就連上了接駁車也無法喘口氣，還得跨國處理屏東的公務，行動電源與 wifi 分享器是 24 小時不能停。

曾跟到歐洲考察水利的前幕僚說，有一回到了歐洲，搭乘橫越萊茵河的輪船，大家原本準備好相機，想說至少可利用搭船空檔欣賞一下美景，沒想到，一登船就被要求集合，人人圍在圓桌前，開了一場圓桌會議，直到汽笛聲響起才知道靠岸，連一張照片都沒拍到。

登上接駁車，大夥在車上交流前一個考察點，好不容易有天下午 4 點多進飯店，老闆看天色還早，竟然要大家把行李放好後，商借了飯店的公共空間，連點一杯咖啡都沒有，就開始一日考察的討論會，整個行程從步行、騎單車、乘電車、搭船舶到飛機，與其說是考察，倒不如說是戰鬥營，考察沒

多久，就自動離職。

我的心內話：

若要講考察，別的地方我不清楚，但在屏東可沒這麼好康，同仁最怕跟我出國，起早、睡晚，行程遠比在屏東上班還緊湊。

為了燈會，團隊曾分批前往世界三大燈會的其中二處取經，大夥拿著筆記本一路走一路記，走到「鐵腿」也不停，在路程中看到賽格威，立刻就地開起了討論會，最後拍照帶回改成適合屏東的樣貌。

甚至為了考察遠洋漁業基地，我遠赴 8,500 公里外的模里西斯，在遠方的基地裡，屏東約有 120 艘漁船在當地進行卸魚、售魚、補給、轉運、漁船維修及替換船員等工作，應漁民要求，我專程率隊前往當地，去了解第一線狀況，並為漁民們打氣。

短短 4 天行程，根本就是搭機、轉機、通關，實際停留時間連 1 天都不到，乍看，不符合經濟效益，但，我就是得到第一線親眼看到，才能知道需求與困境所在，更得要親手緊握在外打拚的遊子，把溫暖送到遙遠的他方。

如今，世界三大洋五大洲，我差不多都走過，剛開始，不免覺得先進國家好棒棒，怎麼自己的故鄉矮人一截，走得愈遠看得愈多，我反而懂了，每個地方或每個人都有自己的優

勢,盲目的複製再複製,不僅徒勞無功,反而會將屏東或台灣推進看不到的深淵,最重要的是自己得爭氣,找出差異化,將優勢發揮到最大,就能走出自己的路。

跳出原本的思維框架後,在推動每項政策前,我都會找出屏東的在地性與差異化,再借用國外的成功經驗,催生新屏東樣貌,所以,我們有了「愈在地愈國際」這句標語,而且是真正的落實。

以屏東走入高齡社會的現況,縣府團隊走訪日本、歐洲學習照護模式,回來考量屏東農漁村及生活習慣的需求,發展出兼顧長者心理與照護者專業的雙贏長照系統。

新落成的總圖也是到阿姆斯特丹公共圖書館中央分館等地勘察,以開放、人性化空間,並兼顧到屏東特色和使用習慣而成,其中,有 35 年歷史的石板屋反而成為圖書館的特色,這樣的例子太多且深入在各個建設與角落裡。

1. 德國水利考察,潘孟安和學者丁澈士看到水源立刻停下自行車研究起來。

請記得把老闆
提回台灣

每回縣長出國考察，隨行秘書都會被叮囑，「請記得要把老闆帶回台灣」，聽到的人都會露出神秘的微笑。

一位坐鎮縣長室的行政人員說，有一回老闆出國考察後準備返國，同事在上機前已撥了電話，聯繫接機事宜後登機，沒想到，過了一段時間，原本應該在飛機上的縣長，竟然撥來電話，原來，縣長睡著了，被丟包在候機室，引來一陣慌亂，開始後續連繫事宜，同一時間，隨行的同事渾然不知在萬里高空上，滿心歡喜地準備踏上國門。

我的心內話：

沒錯，我被丟包了，飛機飛走了，我竟然在休息室睡著了，直到醒來，行李和同事全都回台灣，只剩我和我的護照。

剛上任前二年，為了分散屏東農產品的銷售市場，我經常利用連假或週末，帶著團隊遠赴歐、亞、美、加等地開拓海外市場，時間在高度壓縮下，候機與搭機是唯一的補眠時間，有一回已經通關，懸著的心放下來，趁著登機前的空檔，同事去逛免稅商店時，我把握有限時間躲進航空公司的休息室

喘口氣,瞬間進入休眠狀態。

原本只打算在休息室瞇一下,沒想到同事以為我已先登機,等我一覺醒來,發現飛機已經飛走,自己被丟包在機場,當下心一沉,就知道自己麻煩大了,當時身上只有護照和皮夾,好在年輕時,經常在機場進出,立刻打了電話,重新買機票,改搭下個班機回台。

據說,當我打電話回台灣後,縣府的同事忙著聯繫後續事宜,但,隨行的同事根本不知道發生何事,安穩坐在上萬公尺的高空,一顆心已經飛回家,不曉得他們的耳朵是否會癢,因為我的嘴可是沒停過,下一回,麻煩別忘了把老闆提回家好嗎?

出國賣水果是我的任務。

PETER PA

我怕俗，

喬峰是金庸筆下最為生動出色的英雄之一，十斤白酒兩斤牛肉，大碗喝酒大口吃肉，潘孟安在台北擔任立委期間，最喜歡吆喝藝文圈、政治圈的友人們擠在宿舍，弟兄們一起天南地北開聊，針對時事進行激辯，這種骨子裡的浪漫，與他書架上的坂本龍馬性格相仿，不拘小節，卻粗中藏細，有意無意間帶動了屏東美學新浪潮。

N'S ⬡ ● DNA

——骨子裡的浪漫因子

巨求美好。

最想當
開門的人

SS 是新生代設計師方序中為台灣設計展在屏東設計的主視覺。一開始，屏東人的反應是，「台灣設計展在屏東，到底跟我有什麼關係」、「那是少年仔在玩的，阮袂合啦」！對於陌生或不熟悉的事物，下意識的排斥。

文化處處長吳明榮說，整個設計展採多點設置，且設在人群出沒的公園或公共空間裡，帶著些許小心機，打破民眾的距離感，其中，主場館設在屏東縣民公園內，因為比鄰社區，開始有了穿短褲、夾腳拖的爸爸，一派輕鬆牽著小女兒晃進展場，當作一處遛小孩的新據點。

台灣設計展首次在屏東登場，為許多從未想要逛設計展的人們，打開了一扇門，通過這道任意門，讓更多屏東人看到想像之外的世界。

我的心內話：

「我一直想當一個開門的人」。

我永遠都記得，在擔任立委時期，好不容易邀請到詩人李敏

勇到當時的文化中心演講，那是一個週末，即使事前動員團隊大力宣傳，現場的觀眾依舊零零落落，當時，對於專程從台北前來的李敏勇老師真的很「歹勢」，這件事，一直放在我的心底，一心想著，要怎麼做才能讓屏東這塊文化沙漠再現生機。

2019 年台灣設計展在屏東，這一年，正好是包浩斯學院百年紀念日，但，包浩斯是什麼？跟我們又有何關，我想到紀念特展裡的一句話，「也許你不知道包浩斯，但我們已經生活在包浩斯」。

是的，我們或許不知道這些名稱或理論，但百年前的概念卻已深深牽動著我們的生活，一如我們不懂如何設計，但我們已經生活在設計中，縣府為員工設計多款具屏東特色的名片，在遞出名片的第一時間，就看到了屏東。

此外，我們也積極爭取台灣設計展到屏東。

當時每天走在展場裡，看著來自四面八方的訪客，聽著各方的意見和聲音，每個人的所見所感皆不相同，有很多朋友喜歡讚嘆，也有人抱怨未有令人嘖奇的驚豔，我邊走、邊聽、邊想，設計真的是一種主觀的看見，客觀的詮釋，總能激起不同的漣漪。

論設計我是門外漢，但，當我看到滿頭白髮的老夫婦湊在看板前讀字，翻閱桌上的導覽書刊；小朋友拿著施政海報當成紙劍揮舞；大人為孩子示範負重籃的頭部固定……我看到的是一場又一場的對話，而這些溝通足以為屏東的未來創造無限的可能。

還記得設計之夜的走秀活動，策展設計師邀請為不同體態的男女老少，甚至是輪椅族，製作專屬服裝，事前請這些模特兒手繪圖案，並以此為發想，替每個人設計了專屬印花布，最後共有 21 人上台走秀，看到舉步維艱的模特兒像明星朝著台下揮手，或是憨兒比出自信的手勢；或推著雙輪藍寶堅尼的壯漢，站在定點接受大家喝采，那一刻，我深深以屏東人為榮。

設計師曾說，替不同體態的朋友設計服裝，比替標準身材的模特兒製衣麻煩許多，但，看到一個個不同的故事昇華成一件件服裝，穿戴在每個人身上，就是最美的設計。

參與這一次設計展的設計師們，不是在秀自己的能力有多強，反而從第一線主角退居二線當配角，從設計者變身整理者，試圖理出屏東的面貌，不論是農人產品的包裝；青年作品的設計；長者生活的改善……都可以透過設計來解決各種問題，讓生活朝向更好的方向前進。

改變不可能在一夜之間，但當事情有了想像、動機與期待，一切就有了可能，我想這就是這次設計展的價值所在，歡迎大家繼續「設計」屏東。

1. 只要開始想像，一切都有了可能！
2. 我就是要設計屏東，就從特色名片做起。

沒有冷氣的
國際級表演
● ● ●

2022 年 4 月 23 日，國際級的法文音樂劇《鐘樓怪人》在屏東縣立田徑場露天演出，這是繼世界三大男高音之一卡列拉斯在屏東演藝廳演出，《卡列拉斯》、紙風車、雲門舞集、明華園、優人神鼓、火焰之舞、風潮變等一流劇團到屏東戶外演出中，又一齣頂尖演出。

那一晚，在屏東體育館的演出，除了遠方看台加上臨時座椅共有 6 千個位置，演出前，台灣疫情升溫，原本爆滿的票房一口氣退了約 2 成，不過，難得有這樣的劇團前來演出，依舊有 3 千多位民眾前來，在微風中欣賞了一場國際級的演出。

開場前，有人抱怨沒冷氣；中場休息時間，有些常在國外看歌舞劇的觀眾，反而對於中文字幕感到干擾；散場時，抱怨塑膠椅子坐起來不舒服；音響設備不夠完美。

最後，經過 2 個小時的演出加上 20 分鐘的中場休息，以及最後多次安可謝幕，散場時已經超過晚上 10 點，在散場的路途上，各式各樣的評論都有。

一個 85 年次，經常購票觀賞各種藝文演出的大男生抱怨，這麼精彩的國際級演出，為什麼要辦在戶外，音響、座椅、

角度不免受限,如果能辦在演藝廳裡,觀賞的品質應該會更好,真不懂屏東縣政府在想什麼?

有對醫師夫妻檔看劇後,大呼 6 千多元花得很有價值。有些小家庭帶著國小的孩子們一起看劇,在停車場的電梯裡討論著劇情;擁有好歌喉的原住民青年,學著劇中主教用高音開唱,意猶未盡。

到了公園入口處,這些魚貫而出的觀眾,有的步行離開,有的騎著單車、機車,亦有開著雙 B 進口車緩緩駛離⋯⋯。

我的心內話:

我是故意的,沒錯,就是故意的,力爭國際劇團到屏東演出,動員人物力,就是要在縣立體育館田徑場舉辦露天演出,目的是要讓藝術不再止於廳堂,而能如同流水般滲入大眾的日常。

在台北工作多年,各種一流演出都在國家演藝廳舉行,我總是想著,如何才能讓屏東的表演團體能站上國家級演藝廳演出,另一方面也積極安排國際演出來到屏東,一面輸出屏東文化,一方面輸入國際演出,透過雙向交流,為屏東文化奠基。

過去這幾年,我們努力陪伴並滋養在地團體,安排多場具國際水平的在地演出,包括《魔笛》、《風潮變》、《半島風聲相放半》,充分展現了在地能量。自從縣政府安排半島的

歌謠阿嬤北上花博館演出，博得滿堂喝采後，讓我更加確定藝術是沒有階級之分的，屏東必須加快藝術平民化的腳步，讓藝術之美不再侷限於少數人欣賞。

另一方面，我要讓國際藝術走入屏東，成為平民藝術。

過去，很多人會把欣賞演出當作重要的大事，必須盛裝打扮後才能前往，我卻更希望藝術能在屏東人的生活中流動，一如我在《鐘樓怪人》裡聽到的一句話，「這個大同世界再也沒有人被排除」，我聽到瞬間超級有感，不管社福、建設、醫療，就連藝術也是，在屏東沒有人是被排除的。

露天演出的技術性與挑戰度雖大，難免有未臻完美之處，除了下雨、蚊子等不可確定的因素，經常購票看演出的觀眾會嫌音響或外在干擾多，影響觀賞品質，即使有不少減分的地方，但，我仍然堅持安排露天演出，至少是值得去努力看看。

換個角度來看，露天演出有一種奔放和自由的感受，有星空相伴，任晚風拂面，亦能為演出加分，室內演出有室內演出的讚，戶外演出也有戶外演出的好，二者各有不同，不需要拿來做比較。

從小在文化浸淫中長大的孩子，怎麼會跟美脫節呢？我私心認為，透過這種無圍牆的演出，就算沒來參加的觀眾，遠遠的也能感受到藝術的氛圍，拉近大眾與藝術的距離感，願意再向美靠近一點。

1. 鐘樓怪人在屏東採露天演出。
2. 火焰之舞的國際級演出轟動全場。
3. 將恆春民謠化身為台灣味的原創舞台劇。

只敢唱給猴子聽

●　●　●

你喜歡我的歌嗎？聽過潘孟安唱歌的人，各有不同反應，嗯，聽過的人都知道唱得很有誠意，尤其是屏東四季都有不同的大型音樂活動，自南到北的開唱，身為主辦的地主，縣長對於推到眼前的麥克風，常常只能硬著頭皮開唱，通常這時候伴奏樂隊或借同開唱的主持人，歌聲會蓋過主唱的聲音。

少數聽過潘孟安開唱的縣長秘書王品晴說，有一回老闆與老友相聚時，二個老男人把手機放在飯店的酒杯，順著伴奏聲，放聲唱江蕙的歌，甚至唱到忘我，直到飯店提醒「夜深了」，才打斷了這場超迷你個人演唱會，直說等有空再約去 KTV 唱個過癮，但，老闆根本找不到「有空」的時間，就不太有機會再聽「風醉雨也醉」。

至於歌聲如何？王品晴瞇著眼回說，「擔心聲音太大都來不及，沒心情聽歌啦？！」巧妙的迴避的這個問題。

正因為親耳聽到老闆唱二姊的歌，有時聽到節拍會不自覺跟著哼起來，每當老闆拍圖卡系列照片過久，老闆就會不耐煩，「我還有一大堆事要忙，到底是要拍多久？」小編播放二姊的歌，大概能撐上 30 分鐘，這招通常都滿有效的。

找回屬於
國境之南的
音樂品牌！

1. 我不會唱,我請玖壹壹唱給大家聽.。
2. 我只是裝樣子過乾癮而已。

我的心內話：

年輕的時候，覺得什麼都很新鮮，各種樂器都會去「搵豆油」，直笛、口琴、吉他都曾玩過一小段時間，當時只是「趣味」，想要帥而已，難登大雅之堂，如今中氣不足，十指僵硬，對於角落裡沾塵的口琴或吉他，只是為了追悼那段風花雪月的日子。

不過我真的喜歡聽二姊的歌，專程到高雄聽過演唱會，是極為少數的追星經驗，那一晚，真是，真是，不曉得怎麼說……。

至於開口唱這件事，我對自己的歌聲有自知之明，偶爾和三五老友，一群老男人放著 YouTube，抒發一下壓力，過過乾癮而已，以後，會注意控制聲量與情緒，不敢再虐待「鄰居」的耳朵了。

屏東大叔的
時尚學
● ● ●

潘孟安的衣服換來換去就是那幾件，一切以方便為宜，稍微
正式的場合，是襯衫配西裝褲搭皮鞋，若是運動或公園，就
換上牛仔褲著布鞋，幾乎都是這樣的搭配，色彩都是白色、
藍色等中彩度顏色，偶爾配合活動換上粉紅色，卻覺得卡
卡，拍照後就束之高閣。

縣長辦公室主任鄭文智說，其實縣長襯衫後頭有小洞，還不
只一件，就連司機和隨扈都知道，據大夥猜測，應該是參加
地方祭典或廟會，被後方的香燒到，甚至連長褲有條小裂
縫，縣長捨不得丟掉，照樣穿著四處跑。

打開縣長宿舍的衣櫃，西裝、襯衫、牛仔褲分門別類放好，
另有一大一小的行李箱，乖乖地待在角落裡，曾經走遍世界
各地，在零下冰雪世界經商，一件陪他數十年的戰服，依舊
掛在衣櫃的最裡頭，念舊的執拗熟男就是不肯放棄跟他征戰
各地的衣物，期待有朝一日，會有再換裝上陣的機會。

幫忙打理宿舍的阿姐透露，縣長的襯衫比較多，多是從立委
時期累積到現在，幾乎不會丟掉，平日她會將換洗的髒衣服
送洗後再放回衣櫃，除非他穿到破洞，否則都不會更換。

阿姐說，鞋子也是，竟然穿到開口笑還在穿，她實在看不下

去，專程送給修鞋師傅補一補回來又再繼續穿，所以躺在小鞋櫃裡的待用布鞋、休閒鞋、皮鞋，是設計展等活動送的，連一個櫃子都放不滿，至於何時才能上場服役，恐怕仍是遙遙無期。

我的心內話：

我記得 1986 年，去嘉裕西服買現成的西裝，稍微改一下就穿上身，這是我的第一套西裝。

屏東四季如春，加上脂肪愈來愈厚，又很怕熱，平日只要幾件換洗衣服就夠了，坦白講，我也沒什麼心思放在衣著上，平常，沒什麼時間購物，所以買衣服都是在國外，趁著團隊放封的時間，就窩在賣場裡，一次掃些襯衫、西裝褲，就能穿上很長的時間。

屏東近年以城市美學竄起，以獨特美學躍於大眾眼前，但若說到自己的裝扮，我向來的自信與霸氣少了許多，因為經常在荒野阡陌中行走，習慣簡便的襯衫和牛仔褲，宛如工作服，數十年不變。

在正式或必要場合，需有西裝和幾條領帶替換，不能失了身分和禮貌，此外，屏東縣內有原住民、客家等不同族群，每每到地方訪視，會換穿背心，表達對在地文化的尊重，所以我的車上永遠都有原住民的背心掛著。

這幾年開始應邀到校園演講，為了拉近和年輕朋友的距離，

1998

2019

事隔 21 年，我的打扮有時髦一點嗎

姪女會幫我到日本平價服飾店買幾件單寧或卡其上衣，套來套去，太厚又太熱，還是穿不太習慣，自然而然又換回襯衫加牛仔褲，揹上黑包包趕車，俐落又方便，深夜，穿上吊嘎仔與短褲，還給自己幾小時的原本模樣。

即使如此，為了行銷屏東，得以各種角色上陣，但，有一年，在「非常南」台灣設計展，我換上印花裝，與 21 位屏東模特兒，跨年齡層、跨族群，有畫家、有身心障礙朋友、唐氏症夥伴、有高齡阿公阿嬤，更有老夫妻檔，第一次走秀，將人生轉換成印花，把夢想穿在身上。

有一回應邀接受時尚雜誌的變裝邀約，生平第一次做造型，妝髮完成後，我自己都不好意思照鏡子，戴起黑框眼鏡，抹上髮油，套上絨芯長外套，足蹬皮鞋，以老文青的造型躍上時尚雜誌，新鮮但不自在。在幾款造型中，我最喜歡的是一套北非民俗風的長外套，雖然不會有場合可以穿到，但是這很符合住在我內心裡面老文青的形象。

其實，我很喜歡穿自然透風的麻衫，輕鬆自在，只是真的沒有辦法找到好的時間點去享受那份悠閒，有一套最喜歡的麻質休閒外套，始終掛在臥室的門後，每日進出都會看到，就是沒機會穿，只能在過年的時候穿一下過過癮也好。

腦中只有
屏東的叔叔

「叔叔的眼中只有屏東」。身為潘孟安唯一的姪女，看著叔叔的沒日沒夜，她能懂叔叔的心，只能全心全意地照顧阿嬤，讓叔叔無後顧之憂，是她能為叔叔做的事。

「小時候，叔叔就在外面打拚，其實跟我們有種疏離感，慢慢長大了，才知道叔叔在做些什麼，出了社會，更進一步了解他的心。」

叔叔很念舊，把很多東西都留下來，卻沒空整理，後來叔叔請我幫忙整理，我是從這些舊東西重新認識叔叔，發覺他其實是很浪漫的，年輕的時候還會自己寫些雜文，如今泛黃的字紙，仍留著當年青春的印記。

常常會有人送書給叔叔，他都放在起居間，我每隔一段時間就會到宿舍幫忙整理，他對書本很珍惜，尤其是有簽名的書籍，他會格外留存，十分珍惜，怕一不小心被取走，我大概會做好分類幫他收好，因為叔叔總說，這些書以後都要慢慢讀。

有一回，阿嬤在家看著電視播放叔叔介紹的節目，沒想到，阿嬤竟然對著電視說，「孟安仔，講這麼多話，先喝一杯水卡講啦」。叔叔則會在深夜忙到一個段落後，打電話給我，

問一下阿嬤當天的身體狀況，做了些什麼？慢慢的，我才懂了他們這一代人的感情，都是放在心底，不會掛在嘴邊。

從旁看著，愈來愈懂得他們之間的情感，加上我的年紀小，又是女生，所以常常是負責傳話的人，將他們不習慣掛在嘴邊的關心，傳到彼此耳中。

家裡有這樣一個人，其實很辛苦也很幸福，叔叔真的是把自己捐出去了，有時候，母親節的家人聚會，阿嬤又很想叔叔，想要一家人吃個便飯，不曉得改了幾次時間都吃不成，有時真的很氣，但，每每聽到身邊人講到屏東的改變，又以他為榮，這種心情很矛盾，也只能照顧好阿嬤，讓他無後顧之憂。

我的心內話：

坦白講，我對家人是非常愧疚的，不論父母，兄嫂到姪子、姪女，我幾沒有盡到一個親人的本分，全家人為了成就我而犧牲了自己的生活。

我記得阿嫂剛入門時，特別拜託阿嫂多多關照阿母，這些年都是阿兄與阿嫂為我盡孝，一手擔負起照顧阿母的責任，至於姪子、姪女則在我沒注意的瞬間，突然就長大了，慢慢的，他們會回饋給我一些年輕人的想法，正好彌補我跟世代之間的落差。

尤其是這幾年阿母的身體不如以往，總是姪女幫忙載送或陪同就醫，成為阿母最貼心的依靠，有時我不擅長言詞，她還

1

1. 姪子姪女如同自己的孩子。
2. 謝謝家人，無怨無悔的力挺。

會扮演潤滑劑，幫我跟阿母或兄嫂轉話，家人的感情也親密了些。

我把自己捐出去，給家人帶來不少困擾，但，家人終究是家人，依舊悶不吭聲的支持我，我只能由衷說句謝謝。

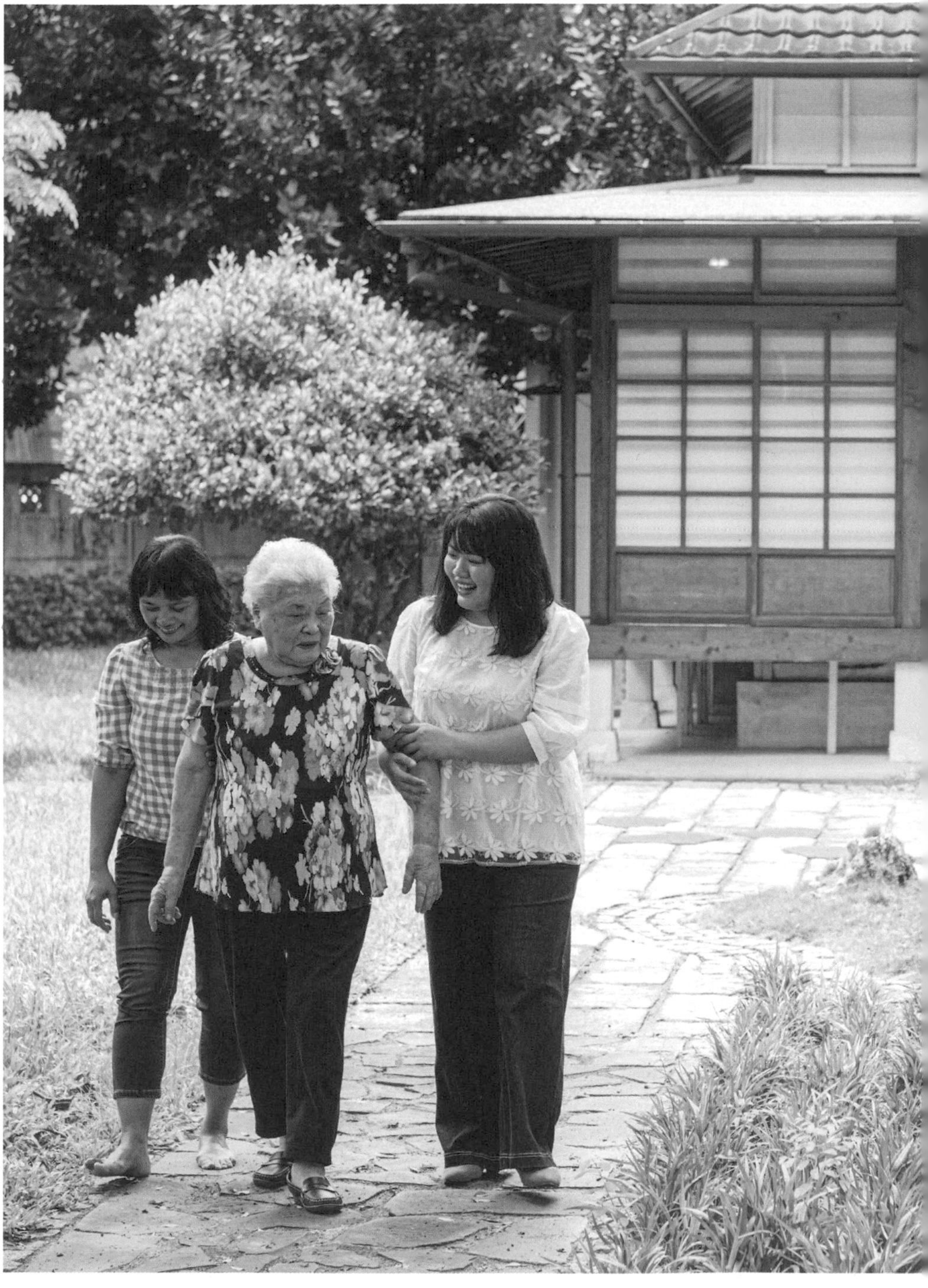

PETER PA

我怕忘，3

爭取高鐵南延等重大交通建設、設立醫學中心，交通平權和
醫療平權，不計個人聲譽，賭上政治生命，將人民放在心裡，
才能真正被記在這塊土地上。

N'S ⬡ DNA

——平權，就是要爭到底

更不落款。

歷史上的
屏東
‥

「潘孟安從政 28 年來堅持主張二件事，醫療平權和交通平權，多次與中央槓上」，一位跟隨潘孟安 20 餘年的幕僚董貓直指，親近潘孟安的人都知道，為了爭取高鐵南延，他不惜賭上了自己的政治前途，就是打死不退。

董貓說，為了推動高鐵南延，在立法院時期，在交通委員會多次提出質詢，上任後更是力主這項建設，歷任多屆交通部長，軟硬釘子不知道吞了多少根，他從來沒有一絲動搖。

我的心內話：

台北到屏東的直線距離 278 公里，「高鐵南延屏東」這條路，很遠又很近，近的是，交通時間可以縮短到約 2 小時，遠的是，這條路我們走了 14 年。

終於，高鐵南延屏東拍板，2019 年 9 月 10 日，屏東就此刻印在台灣歷史刻度，因為，從此而後，台灣南與北的地理距離全面翻轉，透由交通的貫穿，成為平行的軸線；台灣的頭與尾刻板印象徹底打破，屏東跳脫方位的窠臼，重新定位坐標。

為什麼這條路是如此漫長？我從年輕爭到老，說實話，這條路真的難走，在價值與價格的拉扯下，量化數字難以測出區域發展天平的傾斜與失衡，尤其是屏東人的失落與哀愁。

在恆春半島因為專科或次專科醫師的不足，加上醫療設施的老舊與欠缺，造成很多悲劇，如果連最基本的照護都做不到，遑論讓居民安居樂業，所以，偏鄉的交通和醫療的匱乏，是重點中的重點，即使這麼多年來無解的習題，就是問題層疊難解，但，我下定決心，就算是縣長不當，也要力爭「高鐵南延」及「設置醫學中心」的心願。

我該怎麼讓不曾轉四、五趟車才能到家的人知道，回家的路真的很遠。
我該怎麼告訴搭一趟捷運就能看展的人，表演者天未亮就得出門才來得及登場。
我該怎麼告訴分秒必爭的企業主，屏東其實不遠，下一站就是屏東。
我該怎麼告訴重視進修與研討的專業人員，屏東進出便捷，不是沙漠地帶。

什麼是遠？何謂偏鄉？透由交通的轉銜，屏東就能打破傳統的束縛與地理的框架，與文化、社會、建設、醫療等多面向銜接與融合，屏東不會也不該被遺立在台灣之外，這，才是高鐵南延對屏東的深層寓意。

不管中間歷經多少波折，我們總算走到了這一步，謝天謝地，以及付出的每一個人。

1

1. 多層次交通網，就連部落都好行。
2. 交通平權是我一生努力目標。
3. 台鐵高雄到屏東潮州捷運化終於動工。

刻在心裡的隱形名字
• • • •

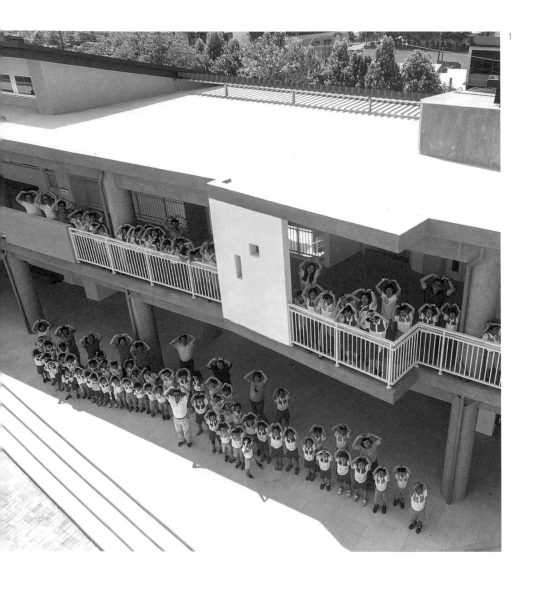

這幾年很多人覺得屏東建設大爆發，各種硬體建設拔地而起，公園綠地、水利設施、圖書館舍、衛生所室、行政大樓、校舍、宿舍、運動場域……不計其數，怎麼都沒見到潘孟安三個字落款。

有一回，市區有座公園啟用，工程單位以縣長潘孟安為名當作落款，但，縣長知道後，堅持要求去除，從立委時期就跟著他工作的民政處處長徐富癸說，他上任 8 年，堅持不立碑、不落款。

我的心內話：

我想，真正的作為，自然會被看見、聽見，並留在原本會停留的地方，民眾無感，刻了也是白刻，民眾有感，自然會刻在心底，不需要浪費一塊石碑。

英國作家狄更斯臨終前，英國人民要求把他一生的功績刻在墓碑上，而他卻說，我要求我的墓碑上只寫查爾斯·狄更斯，除此之外，不要在寫什麼。

我雖是一介凡夫俗子，所有我說過的話，做過的事，就是我的無字墓誌銘，伴我走過，就已足矣。

新校園運動讓孩子有安全的上課環境。

與各處室夥伴們合影。

感謝，

一路一起

走過來的大家。

RET

潘　依　潘

孟　舊　孟

安　是　安

始終，對我而言，最在意的是後世的評價，過去 8 年來，一心跳脫制式的醬缸文化，專心做一件事，就是善盡縣長職責，做好分內工作，我相信，歷史終究會寫下答案。

從事政治工作完全是自己熱情所在，也是終身的職志，前半生的最大追求是平衡南北的差距和資源的不均，心無旁騖的朝著自己的理念前進。

全力以赴的工作了 28 年，該是停下來喘口氣的時候了，已經不曉得有多久，沒能夠毫無罣礙的一覺睡到天亮，說真的，很想好好的睡上一覺。

對於未來，每個人都有不同的想像，但，我開始想起那個遙遠的自己，念著那個想到哪就到哪的孟安。

有一回，我跟設計師方序中對談，他突然問了我一句，如果不做縣長，最想做什麼？從來不替自己的未來打算，只顧把眼前的事做足做滿，面對突如其來的問題，我想了一下說，「浪跡天涯的旅遊文學家」，當時沒套招，直接脫口而出，後來，反而真想這麼做。

我從年輕時就喜歡音樂、文學與旅行，這些都曾是我生命中不可或缺的養分。如果沒有一腳踏入政治界，那麼現在的自己，或許會成為一個旅行文學家也不一定。

若，人生在謝幕前，要在自己的墓誌銘留下一句話，「永遠的屏東志工」，是我對此生最真的告白。

阿母，你睡了沒？

我從來就不是能讓父母省心的孩子，尤其少小離家，即使阿爸阿母不忍苛責太多，但，打從念書起，我就讓他們煩惱，後來從政後，連返家都是「順便」，回到半島視察或開會，若順路，就匆匆回去看一眼，常常屁股還沒坐熱就得離開，連吃頓飯都沒機會，更多時候，根本是過家門不入，這陣子阿母也會問我，「怎麼這麼久都不回家？」

多年來，幾乎不太有自己的私人時間，唯一空檔就是過年那幾天，全年無休的隨行秘書，也只有這幾天可以真正放假，沒車的我，出不了遠門，外出只好靠雙腳以及門前的腳踏車代步。

總是滿滿滿的行程裡，突然有了一小段空白，就像中了樂透，一時間，還真是不知道該怎麼用，沒多想，牽起家門口的腳踏車，一屁股坐上騎往海邊，沒想到，春節期間，恆春半島處處是觀光客，不知道何時被拍了張照片，網路突然PO出「捕獲野生潘孟安」，這下子真是糗大了。

雖然，我不太在意外表，只是，穿著短褲腳踩拖鞋，一派鄉下大叔的模樣上街，最重要的是，臉友竟然一面倒替壓扁的腳踏車輪胎叫屈，有段時間一直被提醒「重量」問題，身邊常常有人問我，「那輛腳踏車沒事吧？！」

隔年，我學乖了，不再騎腳踏車上路，請返鄉的姪女開車，載著我和媽媽，沿著阿爸阿母早年賣魚的路線圖走一趟，從加油站旁的起家厝；爸媽做生意的地方；小時候常去的店家或藏身地……原本只是想逛逛，來到夕陽西下的海邊，看著眼前幫我拍照的姪女，突然間，覺得孩子們長大了，或許該是交棒的時候。

對於媽媽，我的心裡有著深深的愧疚，除了年節返家或投票一定得回家，其他時間母子碰面還得碰運氣有時，媽媽會上來屏東，參加台灣燈會或到熱帶農業博覽會看彩稻，其實我知道她主要是來看我，只是匆匆來回，除了我縣長就職那一天外，她不曾再踏進辦公室一步。

好在有阿兄、阿嫂和姪子、姪女的陪伴，每次看到家人傳來的照片就安心許多，有一回，姪女在醫院替體力逐漸恢復的阿母敷臉，那一晚的心情特別好。

這就是我的家，簡單又平凡，卻是我此生最大的幸福，接下來，我想要把握有限時間多陪陪阿母。

大叔模樣騎著腳踏車出門晃晃，沒想到竟成為被捕獲的野生潘孟安。

這就是，

我的

日常。

就是愛小吃
● ●

我的一天是從一杯黑咖啡開始，提了神，醒了腦，就開始跑行程，多半只吃午餐和晚餐，只是，大部分時間依舊是吃飯配話，經常邊吃邊開會，至於在外頭趕行程的戰鬥餐更是以方便為最高原則，坦白講，便當、乾麵最常吃，常常是食不知味。

偶爾台北老友來訪聊天，竟然比我還清楚屏東哪有好料，我忍不住叨念幾句如白開水般的便當人生，不過，還是不敢碎念太多，以免以後沒人願意幫我買三餐。

我算是好養的，對食物不挑嘴，最愛吃肉粽、飯湯、鹹粿等小吃，身為魚販之子，後又從事養殖業，餐桌上少不了海鮮，一到市場，魚攤上的魚鮮不鮮？哪種魚好吃？即使脫離第一線多年，也能大概知一二，一般人雌雄莫辨的魚種，我多半都清楚，對於價格也是八九不離十。

連平常幫我準備午餐的同事美惠都曾說，最不雷的配菜挑魚就對了，只要魚刺不多，不管哪種魚或調理方式都行。深夜返回宿舍，負責打理內外的美瑩姐，常會在圓桌上替我準備一小塊魚或一小盤洋蔥沙拉，光這樣就夠我配一碗白飯，一整天總算能扎扎實實的吃上一頓飯，放下筷子摸摸肚子覺得很滿足。

1

2

1. 滷肉飯是我的生活一部分。
2. 我承認，飯湯也是我的最愛。

除此之外，其實我還對一道菜情有獨鍾，就是鹹菜湯，不管燉排骨或煮魚都好，小時候阿母沒太多時間「款三頓」，不過，獨獨會用大骨熬鹹菜，那是一碗很普通的湯，但我就是愛這道「酸微阿～酸微」的味道，每次入口都像有媽媽的味道。

至於我的體重和食量並沒有成正比，只是因為少運動，晚餐吃得遲，常將晚餐當消夜吃，所以皮帶孔才會節節敗退。

有一回在辦公室加班，突然聞到一陣香氣，我開門發現，同事們圍在大辦公桌吃鹹酥雞止飢，我忍不住抱怨，「啊，你們吃東西都沒叫我」，然後用竹籤插了一塊好料，然後又一塊，愈吃愈順口，後來，覺得差不多了，就乖乖回去辦公室。還有一回開防疫會議，桌上放了瑞士捲，最後實在太晚了，被我三兩下的解決掉了。

雖然我其實不愛甜食、炸物，每次吃都是捨不得浪費，只是，不知道為什麼，我每次放下叉子或盤子，同事臉上的表情都跟桌上的剩食一樣冷。

最不聽話的病人

長期日夜顛倒的生活，讓我體力常常吃不消，所幸，鄉下囝仔的底子好，除了皮膚過敏的老毛病外，倒是沒有什麼大狀況，直到有一回身體健康檢查，喉嚨有了些異樣，醫囑建議最好及早切除病灶，以免日後衍生病變，安排做了手術，預計得住院一週。

所幸手術順利，麻醉退後，就想要離開病房，偷偷用手機處理公務，用沙啞的喉嚨說話，甚至因為睡不習慣病床，索性鑽到停車場的車子裡休息一下，沒想到馬上就睡著了，讓巡房的護理師找不到人，真是錯誤示範，非常歹勢。

第三天我就按捺不住，開始請假外出，就像是蹺課後，好不容易拿到教官准假的條子，急匆匆回辦公室，一進去就忙到忘了回醫院的時間，主治醫師接連下了幾次通牒，我只能二地跑，最後總算順利出院，住院期間雖然請了病假，但因為照常處理公務和露臉，除了極少數幕僚，縣府同仁幾乎都不知道我原來請了一場病假。

這次進廠大保養，疼惜我的親朋好友加上工作團隊，除了幫我備舒喉茶飲，便當也會盡可能買得清淡些，所幸我的身體底子還可以，體能很快就恢復了。

雖然三餐分量不多，又不嗜甜，不過，農家分享的水果不吃可惜，加上同事總是會切滿一大盤，為了不浪費，我都會徹底消滅它，我想，這大概就是體重一直控制不下來的原因吧。

想到這裡，腦子裡浮現房間角落的那台健身器，早已成為我的衣架，掛滿各種生活雜物，宿舍牆角的自行車也已沾塵，也許，等明天有空檔，就來開始新生活運動，這一次，我「絕對」要力行到底。

我真的拚命運動，就是瘦不下來。

慢，
也是一種生活哲學
・ ・ ・ ・

在追求快速的現代，慢，成為一種新的生活哲學，我想到金城武拍的廣告片「世界越快，心則慢」，這種慵懶又自在的節奏，令人嚮往不已。

坦白說，從夜以繼日的工作狂口中，卻喊出「慢，也是一種生活哲學」這句話，似乎很不搭，不過，早在我擔任立法委員期間，我就偕同非營利組織與屏東小農或店家，齊力推動慢食、慢活、慢遊的三慢生活哲學，因為，那是最適合走進屏東的一種方式。

其中，從擔任立委期間，藍皮火車是我通勤的記憶，少小就離家念書，當年往返只能靠火車到屏市、枋寮再轉乘公路局的巴士輾轉回家，因此，火車就是一種歸來的概念，承載著一種鄉愁。

當時的火車，只有慢速轉動的電扇，被劃破的椅墊，露出泛黃的海綿，椅背上還被用立可白或原子筆寫下各式各樣愛的告白，就這樣，一站晃過一站，年少時，總覺得都已經晃到地老天荒，生命都耗光了，怎麼還沒到站。

從政後，經常性的南北往返，為搶時效，剛開始搭飛機，後來靠高鐵代步，慢慢的，藍皮火車淡出記憶。

最後藍皮火車全台僅剩一班在南迴鐵路行駛，文化處開辦了藍皮火車之旅，邀請作家劉克襄帶隊解說，透過可以打開的車窗，吹著風欣賞山海景致，自從這個藍皮火車之旅被劉克襄稱為「解憂之旅」後，每趟一百個座位一開放即秒殺。

但，忘憂列車也讓藍色記憶重新躍於眼前，帶給我另一種啟發，可以透過火車為認識屏東的一種管道。

隨著藍皮火車的遊程受到歡迎，縣政府進而結合社區部落、獨立書屋、歷史場域，藉由動、靜態閱讀方式，讓南方不再是想像，而是具體而確切的生命模樣。

最重要的是，我們最想讓大家能以不一樣的途徑，不同的速度，走得更深，行至更遠，用最在地的方式，咀嚼島南的人、文、地、景……，其實，都很有屏東味。

說著說著，我也該找個時間來搭藍皮火車，好好忘憂一番，先從藍皮火車開始，練習當一名忘憂大叔。

慢活
Slow living

慢，是一種生活的節奏。
緩活，種幸福的概念。

慢食、用眼、耳、鼻、口，去享受慢的生活。

Slow Food

人，
是我永遠讀不膩的書
・・・

在宿舍的牆面上，二只沉甸甸的書櫃塞滿各種書，從日本的龍馬傳記、恆春民謠的兒童繪本、詩人老友李敏勇的詩集，以及各種類型的書籍，我必須坦承，這些書我多半只是快速翻過，沒能細細閱讀，但是每一本書我都很小心的收藏、上架，尤其是有署名的贈書，都是我的寶貝，更是以後伴我晨昏的夥伴。

在老三台的年代，《包青天》、《保鑣》演好久，就像現在的《娘家》，紅得不得了，阿母晚餐後最愛看的是《楊麗花歌仔戲》，我們囝仔迷上的是布袋戲裡的角色，最想當行俠仗義的雲州大儒俠史艷文。

長大後對小說或近代日本史大感興趣，尤其是幕末時期到明治維新的那一段歷史，薩摩藩等強藩組成倒幕聯盟，主張廢除幕府，還政於天皇的歷史故事，或許因為與屏東的處境有些許接近，特別能吸引我去閱讀。

如今，在龐大的時間壓力下，書多半只放在案頭，不動如山。在資訊爆炸的年代，我主要的學習和進修方式是什麼？嚴格來說，主要是讀人。

歌手蔡琴有一首歌是《讀你》，我很享受與人聊天，不論男

女老幼，光是聊聊天就可以偷學到好多，對我而言，人可以
是百科全書、專業圖書、小說、散文、遊記……，透過交談
就像是武俠小說的乾坤大挪移，我可以吸收到各方功力和長
處，讓自己成長進步，真是讀上千萬遍也不厭倦。

尤其是跟漁民朋友學的海洋知識，真的無窮無盡，魚種、魚
價、洋流、捕撈、天候、水域，每回聊天就像跟專家上了一
堂課。

閱讀對我而言，是一種眼界的延伸，目光所及之處，都是我
的書，除了平面書籍、數位資訊外，其實，我讀最多的書是
屏東的山與海。

屏東就是一本大書，從 3,092 公尺的北大武山，到連結巴士
海峽、台灣海峽、太平洋等海域，在山與海之間迴盪的是詩、
是小說、是史書、是電影，處處可見獨一無二的地方風情。

不管是讀書也好，讀人也罷，以大地為師也好，對我來說，
學習是隨時隨地觀察、傾聽，只要擁有好奇的心，總能收穫
滿滿，讓明天的自己比今天更好。

吃人一口，還人一斗

我非常喜歡讀日本幕府時代末期的維新史，因為屏東位在國境之南，地理上宛如當年日本倒幕主力的薩摩藩，加上自己的性格鮮明，所以朋友曾戲稱我是「薩摩孟安」。

政治是眾人的事，因為競合關係的改變，分合已是一種常態，有時因為時局的改變而不得不被牽動，但心和本質是不變的，從鄉代、議員、黨部主委、立委、縣長，一路走來，運氣很好，得到無數貴人提攜，我都深深記在心底。

自己是鄉村小孩，在菜市場長大，在政治面前，我始終把人民放在第一位考量，亦有「吃人一口，還人一斗」的性格，這也是我站出來力挺周春米參選縣長的原因之一，出發點是感恩。

從我擔任立委與縣長至今，近 20 年來，全是靠擔任律師的周春米揪來律師團專業協助，義務提供法律諮詢，默默為弱勢或困苦者尋求最後的正義。

尤其周春米擔任不分區立委後，每每屏東縣政府派員北上向中央爭取經費，亦仰賴立委的幫忙，周春米擔任不分區立委6 年來，她的國會辦公室如同屏東北部辦公室，時時為屏東建設努力打拚，但她不願在媒體前大肆宣揚。

在講求利害關係的政治圈，我的個性過於直率，尤其是屏東縣縣長初選期間，我站出來公開表態，在政治上不一定正確，更可能會萬箭穿心，外界的評論我當然很在意，但，我更在乎的是屏東以及屏東人的未來，屏東還有太多未竟的工作需要有人去打拚。

八年下來，我明白屏東人接下來需要什麼樣的縣長，屏東需要柔軟又有溫度的城市規劃師，周春米就是最適合人選，所以我做出了艱難的決定，雖千萬人，吾亦往矣。

我想起當年站在大武山前宣誓，打造「以人為本」的屏東，這些年來，我與團隊夜以繼日的履行承諾，一如 2020 年在屏東舉辦的全國中等學校運動會，「屏屏挑戰，只為更好的自己」是大會的精神，正是屏東努力的方向。

縣長任期，選民所念所託，始終常在我心，從來不曾遺忘，我已用行動證明自己，其餘一切就交給歷史公評。

1. 八年來，我們屏屏，只為更好的自己。

2. 生長於屏東的周春米，與我一起推動屏東建設。

3. 上任時的宣誓，全力以赴，如今交棒，無愧於心。

3

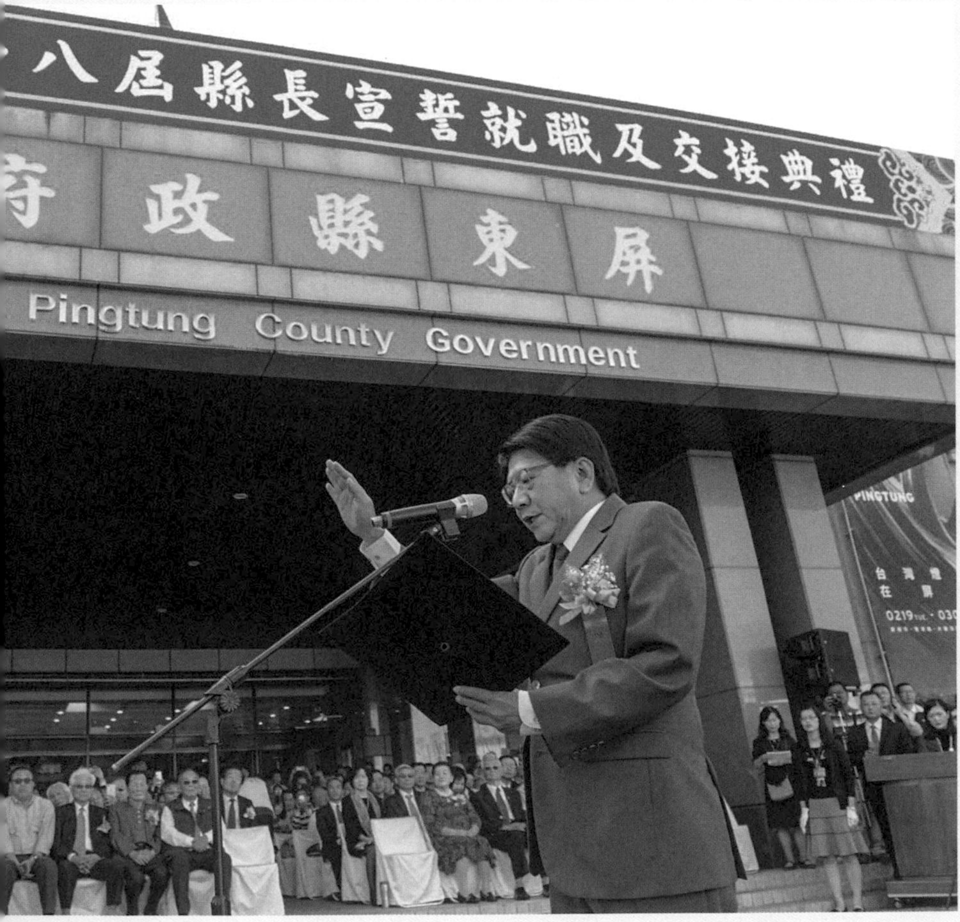

只想
放空睡大覺
• • •

提起行李，再一次踏上旅途。

提著一卡皮箱浪跡天涯海角，對我而言，彷彿是一種命定的必然，一張張票根，一個個驛站，就像恆春半島的候鳥，一次次穿梭在不同的國界裡。

這些年走遍世界各地，不論到哪一國，習慣留下電話卡和各國貨幣當作紀念，這些點點滴滴都收到我的 007 手提箱裡。

1994 年當選鄉民代表以來，從政快 30 年，豈會不懂「人去茶涼」的道理，隨時做了離去的心理準備，只是，沒日沒夜的工作就已經人仰馬翻，沒有太多時間來為自己打算。

始終，我對物質的需求不高，肚子只要會飽就好，一碗滷肉飯、乾麵就能飽餐一頓，牛仔褲加布鞋最自在，年輕時住老家，北上後，立法院有宿舍，8 年縣長任內也是住在宿舍裡，用在自己身上的花費極少。

已經有多少年，不曾安心看完一部電影；安穩睡一個好覺；好好去打場球……若說我沒想過以後是騙人的，終究，我只是凡人，也想好好的休息。

曾經，我去泰國時，被一幅畫吸引，腳怎麼樣都走不開，從來沒有收藏藝術品的習慣，但，這幅畫像是在呼喚我帶它回

1. 八年來，努力不懈。
2. 卸下重擔後，可以縱情山水。

家，最後，我請朋友空運回台灣，就這樣，成為我生平第一件收藏品，也是唯一一件，跟著我四處流浪，如今還收在紙箱裡，連掛出來的地方都沒有。

我憧憬退休後，解甲歸田，回故鄉買塊地，蓋一棟平房，只要提到這樣的未來，身邊的人都說我是在「說魍嘎」，其實我是認真的，但，為何大家都不懂我的明白。

卸下公職後，最盼疫情退去，買張機票直奔日本，在沒有人認識或找得到的地方，好好的耍廢，睡到自然醒，其他的事，就等把這些年不足的睡眠先補滿再說。

依然

是山。

見山，

大武山下

社會人文 BGB528

紅色鋼鐵人 潘孟安

口述 — 潘孟安
作者 — 侯千絹

總編輯 — 吳佩穎
責任編輯 — 郭昕詠
校對 — 侯千絹、魏秋綢
圖片提供 — 潘孟安

出版者 — 遠見天下文化出版股份有限公司
創辦人 — 高希均、王力行
遠見・天下文化 事業群董事長 — 高希均
事業群發行人／CEO — 王力行
天下文化社長 — 林天來
天下文化總經理 — 林芳燕
國際事務開發部兼版權中心總監 — 潘欣
法律顧問 — 理律法律事務所陳長文律師
著作權顧問 — 魏啟翔律師

讀者服務專線 —（02）2662-0012｜傳真 —（02）2662-0007；2662-0009
電子郵件信箱 — cwpc@cwgv.com.tw
直接郵撥帳號 — 1326703-6 號　遠見天下文化出版股份有限公司
社址 — 台北市 104 松江路 93 巷 1 號

製版廠 — 中原造像股份有限公司
印刷廠 — 中原造像股份有限公司
裝訂廠 — 精益裝訂股份有限公司
裝幀 — 方智弘

登記證 — 局版台業字第 2517 號
總經銷 — 大和書報圖書股份有限公司
電話 — 02-8990-2588

定價 — NT650 元
書號 — BGB528

出版日期 — 2022 年 12 月 8 日第一版第 1 次印行
　　　　　　2023 年 2 月 20 日第一版第 3 次印行
ISBN — 978-986-525-800-9
EISBN — 9786263550094(EPUB)；9786263550100 (PDF)

天下文化官網 — bookzone.cwgv.com.tw

紅色鋼鐵人 潘孟安／潘孟安口述；侯千絹著
第一版——臺北市
遠見天下文化出版股份有限公司，2022 / 12
312 面；14.8x21 公分（社會人文；BGB528）
ISBN 978-986-525-800-9（精裝）
1.CST：潘孟安 2.CST：臺灣傳記

783.3886
111013369